語源で増やす
政治・経済・社会の英単語

清水建二

[監修] William Currie
元上智大学学長

ベレ出版

はじめに

　30・40年ほど前、英単語の学習書と言えば、「赤尾の豆単」か「試験に出る英単語」のどちらかと相場が決まっていました。これと言って他に目ぼしいものがなかったことや、「みんなと同じものをやっていれば一安心！」という気持ちが働いていたことは言うまでもありません。

　しかし、私は人と同じことをやるのが苦手なタイプの人間でしたので、このどちらの本も使うことはありませんでした。使わなかった理由は他にもあります。それは両者とも英語の例文がなかったということです。文の中にあって初めて意味を持つ単語を、例文なしで覚えることにかなりの抵抗があったのです。

　そこで私が選んだのが、アルファベット順に辞書で星印のついた単語を例文と一緒に片っ端から覚えるという暗記法でした。当時、私と同じようなやり方で英単語を暗記しようとした受験生もいましたが、ほとんどの人はアルファベットのCやD辺りで挫折してしまうことが多かったようです。私は何とか体力のみで最後のZまでたどり着くことができました。今から振り返ってみると、何と無謀な学習法だったかと反省しています。

　ところで、みなさんは英単語をどのような方法で暗記していますか。昔と比べて、今では実に多くの種類の英単語集が書店の棚に所狭しと並べられています。たとえば、単純にアルファベット順に配列されたものから、試験に出る順に配列されたもの、テーマ別に分

類されたもの、長文を読みながら覚えるもの、1つの例文でたくさんの単語をまとめて暗記するもの、語源をテーマにしたもの、ゴロ合わせで覚えるもの、などなど枚挙にいとまがありません。

このように、あまりにも多くの種類がありすぎるために、却ってどれを選んだらいいのか分からず、結局は他の誰かが勧めていたものを選ぶことになるケースも多いでしょう。私は40年近く高校の現場で英語を教えてきましたが、今も昔も、生徒たちから同じ質問をされることがよくあります。それは「先生、英単語は覚えてもすぐに忘れちゃいます。どうしたら長い間覚えていられるようになりますか」という質問です。

そんな時に私が自信と確信をもってする答え、それはズバリ、「イラストを絡めた、語源による英単語学習法」です。日本語の漢字は「偏」や「旁」などの部分から構成されていて、私たちは、それらの持つ意味を手掛かりに漢字の暗記を容易にすることができますが、英単語にも日本語の偏や旁に相当するものがあります。

日本語の偏や旁に相当するのは英語では、「語根」と「接頭辞」と「接尾辞」です。語根とは単語を構成する上で意味の中核を成すもので、その語根の意味の方向性を表すのが「接頭辞」、そしてその単語の品詞を示すのが「接尾辞」です。たとえば、disarmament という単語は次のように構成されています。

接頭辞	語根	接尾辞
dis	arm	ment
分離	武器	名詞に

つまり、「武器から離れること」から「軍備縮小」とか「武装解除」という意味になるわけです。また、本書では、arm という語根が「武器」であることを示すために、体全体が武器のようなアルマジロ（armadillo）のイラストを載せることで、arm には「武器」や「鎧」の意味があることを視覚に訴えながら、記憶を定着・保持させるという効果も狙っています。

　語源学習の持つもう一つのメリットは、単語の意味を類推できる点にあります。例えば、"deconcentrate" という単語は本書では特に取り上げませんでしたが、本書で扱う接頭辞と語根を組み合わせることによって、容易に意味を類推することができます。この単語は、"de {離れて} + con {共に} + centr {中心} + ate {動詞に}" と分解することによって、「共に中心から離れていく」ことから「権力を分散させる」とか「集中をゆるめる」などの意味を導き出すことができるのです。

　私が提唱する「語源とイラストを絡めた学習法」は既に多くの読者の方々から絶大なる支持をいただいておりますが、今回の企画の狙いは主にビジネスパーソンをターゲットにした点にあります。ビジネスに従事する方々が、普段から目にしたり耳にする語彙を中心に語根を厳選し、新聞やニュースなどで頻繁に取り上げられる例文を豊富に載せた点が一番の特長です。本書は TOEIC 試験や英検などの試験対策になるだけでなく、ビジネスの場面で遭遇する様々な表現を通して、日常会話力を向上させることができます。

　最後になりますが、本書を出版するに際し、今回の企画に多大なる関心を示していただき、監修を快諾していただいた我が尊敬する恩師で元・上智大学学長のウイリアム・ジョセフ・カリー神父に、この場を借りて感謝の意を表したいと思います。

著者　清水 建二

目次

第1章 接頭辞

1. **a**（〜の方へ）abroad addict allot allure ················ 16
2. **ab**（離れて）aboriginal abortive abolish abominable ········· 17
3. **ad**（〜の方へ）address adhere adolescent adopt ············ 18
4. **co**（共に）coeducational coexist cooperate coworker ········ 19
5. **de**（否定、離れて）deforestation defrost detour defend ······ 20
6. **dis**（離れて、〜ない）disabled disease disaster discuss ····· 21
7. **en**（動詞に）enable enrich enlarge entitle ················ 22
8. **ex**（外に）exchange excuse except exit ···················· 23
9. **in**（中に、上に、ない）inmate industry indicate infamous ···· 24
10. **im**（中に、上に、ない）impact impulse improvise impatient
    ·· 25
11. **inter**（間に）interest intercity intermediate interpret ······ 26
12. **pre**（前に）predict prepare prewar prejudice ··············· 27
13. **pro**（前に）profit program protect profess ················· 28
14. **re**（再び）refresh regain refuse repair ···················· 29
15. **sub**（下に）subtitle substance subsist subcommittee ········ 30
16. **sur, sir**（上に）surname surroundings surplus sirloin ······· 31
17. **trans**（越えて）transparent transient translate transatlantic
    ·· 32

第2章 漢字1文字で連想する英単語

1 ann, enn（年）……………………………………………………34
2 bar（棒）……………………………………………………………36
3 cap, cup（頭）……………………………………………………38
4 cap, cup（頭）……………………………………………………40
5 car, char（車、走る）……………………………………………42
6 card, cart（紙）…………………………………………………44
7 cord, cor（心）……………………………………………………46
8 eco（家）……………………………………………………………48
9 form（形）…………………………………………………………50
10 fort, force（力）…………………………………………………52
11 gen（種、生む）……………………………………………………54
12 grad, gress（歩、進む）…………………………………………56
13 grad, gress（歩、進む）…………………………………………58
14 man, main（手）…………………………………………………60
15 mar, mir（鏡、驚く）……………………………………………62
16 mat(er), metr（母、子宮）………………………………………64
17 mind, ment, memo（心、記憶）………………………………66
18 mode（型、測る）…………………………………………………68
19 pass（歩、通る）…………………………………………………70
20 pat（父）……………………………………………………………72
21 ped（足）……………………………………………………………74
22 point, punct（点、指す、刺す）………………………………76
23 port（港、運ぶ）…………………………………………………78
24 reg, roy（王）……………………………………………………80
25 sign（印、印す）…………………………………………………82
26 sign（印、印す）…………………………………………………84
27 stella, sider（星）………………………………………………86
28 tempo（時）………………………………………………………88

- 29 **via, vey**（道） ……… 90
- 30 **voc, voke**（声、言う）……… 92

第3章 形容詞的な意味を持つ語根で連想する英単語

- 1 **ali**（別の）……… 96
- 2 **apt, ept**（適した）……… 98
- 3 **auto**（自らの）……… 100
- 4 **firm**（強い）……… 102
- 5 **just, jur**（正しい、誓う）……… 104
- 6 **just, jur**（正しい、誓う）……… 106
- 7 **long, leng**（長い）……… 108
- 8 **mag(n), max, mast**（大きい）……… 110
- 9 **mid, med**（中間の）……… 112
- 10 **mini**（小さい）……… 114
- 11 **multi**（たくさんの）……… 116
- 12 **nov, new**（新しい）……… 118
- 13 **plain, plan, plat**（平らな）……… 120
- 14 **pos, poten**（できる）……… 122
- 15 **prim, prin**（第一の）……… 124
- 16 **simul, simil, semble**（似ている）……… 126
- 17 **sure**（確実な）……… 128
- 18 **(s)tun, (s)ton**（ぼうっとした）……… 130
- 19 **void, vac, vas, van, wan**（空の）……… 132
- 20 **void, vac, vas, van, wan**（空の）……… 134

第4章 2文字の漢字で連想する英単語

1. **arm**（武器）……138
2. **care, cure**（世話、注意）……140
3. **center**（中心）……142
4. **dem**（民衆）……144
5. **fide, feder, fy**（信頼）……146
6. **grat, gre, grace**（好意）……148
7. **ima, imi**（画像）……150
8. **limit**（限界、境界）……152
9. **loc**（場所）……154
10. **merc, mark**（取引）……156
11. **ord**（順序、命令）……158
12. **poli(t), poli(c)**（都市）……160
13. **price, praise**（価値、報酬）……162
14. **soci**（仲間）……164
15. **term**（境界）……166
16. **use, uti, ute**（使用）……168
17. **val**（価値）……170

第5章 基本単語から連想する英単語

1. **bat(e)**（叩く）……174
2. **call, cil**（呼ぶ）……176
3. **claim, clam**（叫ぶ）……178
4. **close**（閉じる）……180
5. **count**（数える）……182
6. **cover**（覆う）……184
7. **custom**（自分のもの）……186

- 8 **fac(t)**（作る）······188
- 9 **fac(t)**（作る）······190
- 10 **fect**（作る）······192
- 11 **fall, fail**（朽ちる、落ちる）······194
- 12 **fare**（行く）······196
- 13 **graph**（書く、描く）······198
- 14 **habit, hibit**（保つ、住む）······200
- 15 **habit**（保つ、住む）······202
- 16 **note, not**（記す）······204
- 17 **pain, pun, pen**（痛み）······206
- 18 **part, port**（分ける、部分）······208
- 19 **part, port**（分ける、部分）······210
- 20 **press**（押す）······212
- 21 **prove, prob**（認める）······214
- 22 **sense, sent**（感じる）······216
- 23 **serve**（保つ）······218
- 24 **tail**（切る）······220
- 25 **tain, tend, tent**（保つ、伸ばす）······222
- 26 **tain, tend, tent**（保つ、伸ばす）······224
- 27 **tain, tend, tent**（保つ、伸ばす）······226
- 28 **test**（証言する）······228
- 29 **vise, view, vey**（見る）······230
- 30 **vise, view, vey**（見る）······232
- 31 **vote, vow**（誓う）······234

第6章 動詞的な意味を持つ語根から連想する英単語

- 1 **act, agi, age**（行なう）······238
- 2 **act, agi, age**（行なう）······240
- 3 **auc, aug, auth**（増える）······242
- 4 **aud(it), ey**（聴く、従う）······244

5	**cept, ceipt**（つかむ）	246
6	**cern, cert**（分ける、ふるい）	248
7	**cide, cis**（切る）	250
8	**circ, circum, cycle**（回る）	252
9	**clin, clim**（傾く）	254
10	**cre, cru**（増える）	256
11	**cred**（信じる）	258
12	**cri**（分ける、決める）	260
13	**cur(s)**（走る）	262
14	**doc**（教える）	264
15	**du, deb**（負う）	266
16	**duce, duct**（導く）	268
17	**duce, duct**（導く）	270
18	**experi, pir**（試す）	272
19	**fer**（運ぶ）	274
20	**fer**（運ぶ）	276
21	**fin**（終わる、清算する）	278
22	**flo, flu**（流れる）	280
23	**it, iss, ish**（行く）	282
24	**ject**（投げる）	284
25	**join, junc**（繋ぐ）	286
26	**lev(er), lieve**（持ち上げる）	288
27	**lyze, lease, lax**（ゆるめる）	290
28	**meter, metry**（計る）	292
29	**mit, mis**（送る）	294
30	**mit, mis**（送る）	296
31	**mot, mov**（動く）	298
32	**mot, mov**（動く）	300
33	**net, nect, nex**（繋ぐ）	302
34	**pend, pens**（つるす、重さを量る）	304
35	**pend, pens**（つるす、重さを量る）	306
36	**ple, pli, ply, plu, plex**（重なる、折る、満たす）	308
37	**ple, pli, ply, plu, plex**（重なる、折る、満たす）	310

- 38 **post, pose, posit**（置く）·· 312
- 39 **post, pose, posit**（置く）·· 314
- 40 **post, pose, posit**（置く）·· 316
- 41 **quest, quire**（求める）·· 318
- 42 **rat**（数える、考える）·· 320
- 43 **rupt**（崩れる）·· 322
- 44 **sal, sault, sail, sult**（跳ぶ）······································ 324
- 45 **scal, scend**（登る）·· 326
- 46 **scribe, script**（書く）·· 328
- 47 **(se)cute**（ついて行く）·· 330
- 48 **sess, cede**（行く）··· 332
- 49 **sess, cede**（行く）··· 334
- 50 **side, sess, sed, sit, set**（座る）································· 336
- 51 **side, sess, sed, sit, set**（座る）································· 338
- 52 **spect, spec, spic**（見る）·· 340
- 53 **spect, spec, spic**（見る）·· 342
- 54 **spect, spec, spic**（見る）·· 344
- 55 **spir**（息をする）··· 346
- 56 **stat, sta**（立つ、止まる）··· 348
- 57 **stat, sta**（立つ、止まる）··· 350
- 58 **stinct, sting, stimu**（刺す）······································ 352
- 59 **stinct, sting, stimu**（刺す）······································ 354
- 60 **stit(ute)**（立つ）··· 356
- 61 **strain, stre**（伸ばす、締める）····································· 358
- 62 **struct**（立つ）·· 360
- 63 **sume**（取る）·· 362
- 64 **tact, tach**（触れる）·· 364
- 65 **tort**（ねじる）··· 366
- 66 **tract, tra, trai, trea**（引く）······································ 368
- 67 **tract, tra, trai, trea**（引く）······································ 370
- 68 **tract, tra, trai, trea**（引く）······································ 372
- 69 **vent**（来る）··· 374
- 70 **vent**（来る）··· 376

- 71 **verse, vert** (回る、曲がる) ……………………………………… 378
- 72 **verse, vert** (回る、曲がる) ……………………………………… 380
- 73 **verse, vert** (回る、曲がる) ……………………………………… 382
- 74 **vide** (分ける) ………………………………………………………… 384
- 75 **viv, vit** (生きる) …………………………………………………… 386
- 76 **war(d), gard** (見る) ……………………………………………… 388

第1章

接頭辞

1

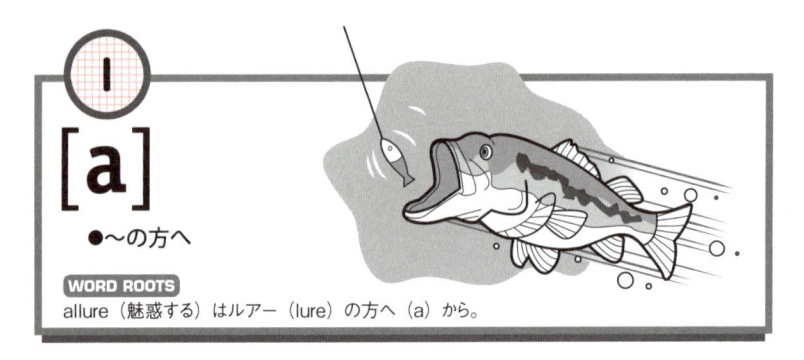

[a]
● 〜の方へ

WORD ROOTS
allure（魅惑する）はルアー（lure）の方へ（a）から。

□ **abroad** /əbrɔ́ːd/ 副 外国に
＊a ｛の方へ｝ ＋ broad ｛広い｝ →広い方へ

He has been abroad several times.
彼は何度も外国に行ったことがある

□ **addict** /ǽdikt/ 動 常習にさせる 名 常用者、依存症患者
＊ad ｛の方へ｝ ＋ dict ｛言う｝ →薬物の言いなりに

Don't get addicted to gambling.
ギャンブルにふけるな

□ **allot** /əlɑ́t/ 動 割り当てる、充てる
＊al ｛の方へ｝ ＋ lot ｛偶然の分け前｝ →分け前の方へ

The profits were allotted equally among them.
利益は平等に彼らに割り当てられた

□ **allure** /əlúər/ 動 魅惑する
＊al ｛の方へ｝ ＋ lure ｛おとり｝ →おとりの方へ

I was allured by her beautiful voice.
彼女の美声に魅了された

2 [ab]

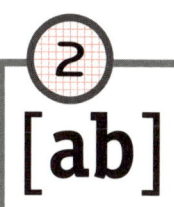

● 離れて

WORD ROOTS
オーストラリアに太古の昔から住んでいるアボリジニ (aborigine)。

第1章 接頭辞

☐ **aboriginal** /æbərídʒənl/ 形先住民の、太古からの

* ab {離れて} + origin {始め} + al {形容詞に} →始めからの

How many aboriginal people are there in Australia?
オーストラリアにはアボリジニはどれくらいいるだろうか

☐ **abortive** /əbɔ́ːrtiv/ 形実を結ばない、早産の

* ab {離れて} + or {生まれる} + ive {形容詞に} →生まれない

Their efforts proved abortive.
彼らの努力は実を結ばなかった

☐ **abolish** /əbɑ́liʃ/ 動廃止する

* ab {離れて} + ol {成長する = old} + ish {動詞に} →成長しない

How can we abolish war?
どうやって戦争をなくすことができるだろうか

☐ **abominable** /əbɑ́mənəbl/ 形ひどい、最悪な

* ab {離れて} + omin {前兆} + able {形容詞に} →不吉な前兆から

The weather here in winter is abominable.
ここの冬の天気は最悪だ

17

3 [ad]
● ～の方へ

WORD ROOTS
住所（address）の方へまっすぐに。

□ **address** /ədrés/ 图宛先、演説　動宛先を書く、演説をする、話す

＊ ad ｛の方へ｝ ＋ dress ｛まっすぐな｝ →まっすぐな方へ

What is your address?
　住所はどちらですか

She addressed herself to the President.
　彼女は大統領に話しかけた

□ **adhere** /ædhíər/ 動くっつく、固守する

＊ ad ｛の方へ｝ ＋ her ｛くっつく｝ →～にくっつく
→形 **adherent**　付着した、粘着質の

This glue doesn't adhere to plastic.
　こののりはプラスチックには付かない

□ **adolescent** /ædəlésnt/ 形青春期の、思春期の

＊ ad ｛の方へ｝ ＋ ol ｛成長する＝old｝ ＋ scent ｛形容詞に｝ →成長している

It is said that adolescent friendship doesn't often last.
　思春期の友情は長続きしないことが多いと言われる

□ **adopt** /ədɑ́pt/ 動養子にする、採用する

＊ ad ｛の方へ｝ ＋ opt ｛選ぶ｝ →～を選ぶ
→名 **adoption**　養子縁組、採用

We decided to adopt that suggestion.
　私たちはその提案の採用を決めた

4 [co]

●共に

WORD ROOTS
Co-op（コープ）は（生活）協同組合。

□ **coeducational** /kòuedʒukéiʃənəl/ 形 男女共学の

* co {共に} + education {教育} + al {形容詞に} →一緒に教育を受ける

I graduated from a coeducational high school.
私は男女共学の高校を卒業しました

□ **coexist** /kòuəgzíst/ 動 共存する

* co {共に} + exist {存在する} →共に存在する
  →名 **coexistence** 共存

It's difficult for a work life and private life to coexist.
仕事とプライベートの両立は難しい

□ **cooperate** /kouápərèit/ 動 協力する、協同する

* co {共に} + operate {働く} →共に働く
  →名 **cooperation** （生活）協同組合、協力
  →形 **cooperative** 協力的な

I'm willing to cooperate with you.
喜んで協力します

I appreciate your cooperation.
ご協力に感謝します

□ **coworker** /kóuwəːrkər/ 名 同僚

* co {共に} + work {働く} + er {人} →共に働く人

I'm going for a drink with my coworker tonight.
今晩、同僚と飲みに行きます

第1章 接頭辞

19

5 [de]

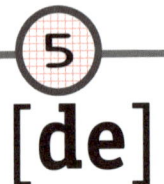

●否定、離れて

WORD ROOTS
森林伐採（deforestation）は森林（forest）を否定（de）すること。

☐ **deforestation** /dìːfɔːristéiʃən/ 图 森林伐採

* de｛離れて｝＋ forest｛森林｝＋ ate｛動詞に｝＋ ion｛名詞に｝→ 森林から離れること

Floods are often due to reckless deforestation.
洪水は無謀な森林伐採によることが多い

☐ **defrost** /dìːfrɔ́ːst/ 動 解凍する

* de｛離れて｝＋ frost｛霜｝→霜を取る

He defrosted frozen noodles in the microwave.
彼は電子レンジで冷凍麺を解凍した

☐ **detour** /díːtuər/ 图 遠回り、回り道

* de｛離れて｝＋ tour｛一周｝→道から離れて

I'll make a detour and drop by that store.
遠回りしてあの店に寄ろう

☐ **defend** /difénd/ 動 防御する、弁護する

* de｛離れて｝＋ fend｛打つ｝→相手を打って遠ざける
  →图 **defense** 防御、弁護

Everyone has a right to defend themselves.
自分を守る権利は誰にでもある

The best defense is offense.
最善の防御は攻撃である

6 [dis]

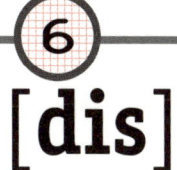

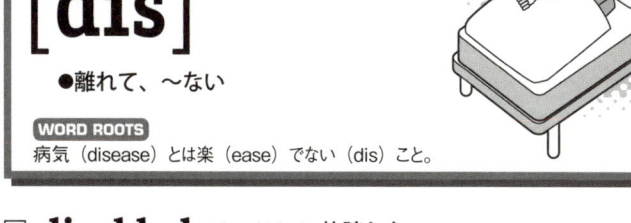

●離れて、〜ない

WORD ROOTS
病気（disease）とは楽（ease）でない（dis）こと。

☐ **disabled** /diséibld/ 形 **故障した**

＊ dis ｛ない｝ ＋ able ｛できる｝ ＋ ed ｛〜された｝ →できない状態にされた

This account has been disabled since last month.
このアカウントは先月から無効だ

☐ **disease** /dizí:z/ 名 **病気**

＊ dis ｛ない｝ ＋ ease ｛楽｝ →楽でない状態

He has Alzheimer's disease.
彼はアルツハイマー病にかかっている

☐ **disaster** /dizǽstər/ 名 **災害、惨事**

＊ dis ｛離れて｝ ＋ aster ｛星｝ →幸運の星から見放されて

War necessarily brings disaster.
戦争は必ず不幸をもたらす

☐ **discuss** /diskʌ́s/ 動 **討論する**

＊ dis ｛離れて｝ ＋ cuss ｛打つ｝ →打ち返す
→名 **discussion** 討論

Are there any more problems to discuss?
論議する問題はまだありますか

7 [en]
●動詞に

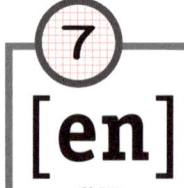

WORD ROOTS
写真店でDPEとは development（現像）、printing（印刷）、enlargement（拡大）のこと。

□ **enable** /inéibl/ 動 可能にさせる

＊ en ｛動詞に｝ ＋ able ｛できる｝ →できるようにする

His large income enabled him to live in comfort.
彼は収入が多いので楽な生活ができた

□ **enrich** /inrítʃ/ 動 豊かにする、質を向上させる

＊ en ｛動詞に｝ ＋ rich ｛豊かな｝ →豊かにする

Friendships enriched her life.
友人との交わりが彼女の生活を豊かにした

□ **enlarge** /inlá:rdʒ/ 動 拡大する、詳しく話す (on)

＊ en ｛動詞に｝ ＋ large ｛大きな｝ →大きくする

You should enlarge your vocabulary.
あなたは語彙を増やすべきです

Can you enlarge on this point?
この点について詳しく話してください

□ **entitle** /intáitl/ 動 資格を与える

＊ en ｛動詞に｝ ＋ title ｛資格｝ →資格を与える

You are entitled to the promotion.
あなたは昇進の資格がある

⑧ [ex]

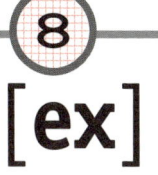

●外に

WORD ROOTS
出口 (exit) は外に (ex) に行く (it)。

☐ **exchange** /ikstʃéindʒ/ 動 交換する 名 交換

＊ ex {外に} ＋ change {変える} →手放して交換する

I exchanged my idea with Jane's.
私はジェーンと意見を交換した

☐ **excuse** /ikskjúːz/ 動 許す 名 ikskjúːs 口実、言い訳

＊ ex {外に} ＋ cuse {罪} →罪を免れる

Please excuse my poor writing.
乱筆にて失礼します

☐ **except** /iksépt/ 前 〜を除いて、〜以外

＊ ex {外に} ＋ cept {取る} →取り除く

He works every day except on Sunday.
彼は日曜日以外、毎日働いている

☐ **exit** /égzət/ 名 出口

＊ ex {外に} ＋ it {行く} →外に行く

There are two exits at the back of the plane.
飛行機の後方部に出口が2つある

⑨ [in]
● 中に、上に、ない

WORD ROOTS
受刑者（inmate）は牢屋の中に（in）いる仲間（mate）。

☐ **inmate** /ínmèit/ 名 受刑者

＊ in ｛中に｝ ＋ mate ｛仲間｝ →中にいる仲間

The inmate was sentenced to death.
その受刑者は死刑の宣告を受けた

☐ **industry** /índəstri/ 名 産業、勤勉

＊ in ｛中に｝ ＋ stry ｛立てる｝ →中に立てたもの
　→形 **industrial** 産業の
　　　industrious 勤勉な

This city is famous for its industry.
この都市は産業で有名だ

☐ **indicate** /índikèit/ 動 示す、ハッキリさせる

＊ in ｛中に｝ ＋ dict ｛話す｝ ＋ ate ｛動詞に｝

He indicated assent by nodding.
彼はうなずいて賛成の意を示した

☐ **infamous** /ínfəməs/ 形 不名誉な、悪名高い

＊ in ｛ない｝ ＋ famous ｛有名な｝ →有名でない

That professor is infamous for his boring lectures.
その教授は退屈な講義で悪名高い

10 [im]
● 中に、上に、ない

WORD ROOTS
ボールがバットに当たった時のインパクト（impact）の瞬間。

□ **impact** /ímpækt/ 图 衝撃、影響（力）

* im ｛中に｝ + pact ｛ぎゅっと押す｝ → ぎゅっと押しつけること

The ad campaign had a huge favorable impact on sales.
その宣伝活動は売り上げに好影響を与えた

□ **impulse** /ímpʌls/ 图 衝動、衝撃

* im ｛上に｝ + pulse ｛押す｝ → 押しつけること

She often buys books on impulse.
彼女はしばしば本を衝動買いする

□ **improvise** /ímprəvàiz/ 图 即席に作る、間に合わせる

* im ｛ない｝ + pro ｛前に｝ + vise ｛見る｝ → 前もって見ない
→图 **improvisation** 即興

He had no speech prepared, so he improvised.
彼は演説の準備をしていなかったので、アドリブで行なった

□ **impatient** /impéiʃəint/ 囲 いらいらした、短気な

* im ｛ない｝ + patient ｛我慢強い｝ → 我慢強くない
→图 **patient** 囲 辛抱強い

You must not be impatient with the kids.
子供に短気を起こすな

[inter]
●間に

WORD ROOTS
都市と都市を結ぶインターシティの高速道路。

☐ **interest** /íntərəst/ 图 興味、利益　動 興味付ける

＊ inter ｛間に｝ + est ｛存在する｝ →お互いの間にある→利害→利益
→形 **interesting** 興味深い

I have an interest in etymology.
私は語源に興味がある

☐ **intercity** /ìntəsíti/ 图 都市間

＊ inter ｛間に｝ + city ｛都市｝

I'm going to take an intercity bus to New York.
私はインターシティバスに乗ってニューヨークに行きます

☐ **intermediate** /ìntərmíːdiət/ 形 中間の、中級の

＊ inter ｛間の｝ + mediate ｛中間｝ →中間の

How about attending an intermediate class on English conversation?
英会話の授業では中級クラスを受講されてはいかがですか

☐ **interpret** /intə́ːrprit/ 動 解釈する、通訳する

＊ inter ｛間に｝ + pret ｛価をつける｝ →間に入って価格をつける
→图 **interpretation** 解釈、通訳

How do you interpret what he said?
あなたは彼が言ったことをどのように解釈しますか

12 [pre]
● 前に

WORD ROOTS
料理する前に（pre）食材を整える（pare）のが prepare（準備する）。

□ **predict** /pridíkt/ 動 **予言する、予報する**

* pre｛前に｝＋ dict｛言う｝ →前もって言う
  →图 **prediction** 予言、予報

The scientists predict that there will be a big earthquake soon.
科学者たちは近々大きな地震があると予言している

□ **prepare** /pripéər/ 動 **準備する**

* pre｛前に｝＋ pare｛整える｝ →事前に整える
  →图 **preparation** 準備
  →圈 **preparatory** 準備の、予備の

Mom is busy preparing a room for a guest.
母はお客さんのために部屋の準備で忙しい

□ **prewar** /priwɔ́ːr/ 圈 **戦前の**

* pre｛前に｝＋ war｛戦争｝ →戦争の前

The movie reproduces the prewar atmosphere quite well.
その映画は戦前の雰囲気をとてもうまく再現している

□ **prejudice** /prédʒudis/ 图 **偏見**

* pre｛前に｝＋ judice｛判断する｝ →前に判断する

We shouldn't have any prejudice against anything.
私たちは何に対しても偏見を持つべきではない

13 [pro]
●前に

WORD ROOTS
学生の前で (pro) で自説を述べる (fess) 大学教授は professor。

□ **profit** /práfit/ 图利益 動利益を得る

＊ pro ｛前に｝ + fit ｛作る｝ →作って前に進む

I certainly profitted by studying abroad.
確かに、私は海外で勉強したことにより多くの利益を得た

□ **program** /próugræm/ 图プログラム

＊ pro ｛前に｝ + gram ｛書く｝ →事前に書かれたもの

Here's a concert program for you.
こちらがコンサートのプログラムです

□ **protect** /prətékt/ 動守る、保護する

＊ pro ｛前に｝ + tect ｛覆う｝ →前を覆う
→图 **protection** 保護

These sunglasses protect our eyes from UV rays.
このサングラスは紫外線から目を守ってくれる

□ **profess** /prəfés/ 動公言する

＊ pro ｛前に｝ + fess ｛述べる｝ →人前で述べる
→图 **profession** （専門的な）職業
→图 **professor** 大学教授

They professed themselves supporters of his.
彼らは自分たちは彼の支持者だと公言した

14 [re]

● 再び

WORD ROOTS
温泉で気分をリフレッシュ（refresh）。

☐ **refresh** /rifréʃ/ 動 リフレッシュする

＊ re ｛再び｝ + fresh ｛新しくする｝ →再び新しくする

A glass of beer will refresh you!
ビール一杯で元気になるぞ！

☐ **regain** /rigéin/ 動 取り戻す、回復する

＊ re ｛再び｝ + gain ｛手に入れる｝ →再び手に入れる

He's sick again!? I hope he regains his health soon.
彼はまた病気になったの？　早く元気になるといいんだけど

☐ **refuse** /rifjúːz/ 動 拒む、断る　図 réfjuːs ゴミ

＊ re ｛再び｝ + fuse ｛溶ける｝ →差し出されたものを後ろに投げる
→图 **refusal** 拒否

The bank refused a loan to the company.
銀行はその会社への融資を断わった

☐ **repair** /ripéər/ 動 修理する

＊ re ｛再び｝ + pair ｛整える｝ →再び整える

I have to repair my house next Sunday.
次の日曜日は家を修理しなくてはならない

15 [sub]
● 下に

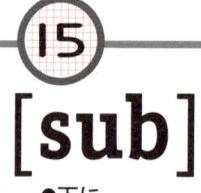

WORD ROOTS
道 (way) の下 (sub) を走る地下鉄 (subway)。

□ **subtitle** /sʌ́btàitl/ 图 サブタイトル、小見出し

＊ sub｛下に｝＋ title｛タイトル｝→下のタイトル

"Love means not ever having to say 'You're sorry.'" is the subtitle of the book.
「愛とは決して後悔しないもの」がその本のサブタイトルだ

□ **substance** /sʌ́bstəns/ 图 物質、実質

＊ sub｛下に｝＋ stance｛立つもの｝→下に立っているもの→根底にあるもの

That's an argument without substance.
それは実質のない空疎な議論だ

□ **subsist** /səbsíst/ 動 生存する、生計を立てる

＊ sub｛下で｝＋ sist｛立つ｝→生計を立てる

Young people have been forced to subsist on small incomes these days.
最近若者たちは少ない収入で生計を立てることを余儀なくされている

□ **subcommittee** /sʌ́bkəmìti/ 图 小委員会、分科会

＊ sub｛下の｝＋ committee｛委員会｝→委員会の下

The subcommittee about the IPCC met 10 days ago.
IPCC（気候変動に関する政府間パネル）の分科会は十日前に開かれました

16 [sur, sir]

● 上に

WORD ROOTS
サーロイン（sirloin）は腰（loin）の上の（sir）部分の肉。

☐ **surname** /sə́:rnèim/ 图 **名字**

＊ sur ｛上に｝＋ name ｛名前｝ →名前の上に

Sato and Tanaka are very common surnames in Japan.
佐藤や田中は日本の名字ではありふれたものです

☐ **surroundings** /səráundiŋz/ 图 **環境、周囲**

＊ sur ｛上に｝＋ rounding ｛囲み｝ →囲みの上に

The surroundings are noisy today.
今日は辺りがうるさいです

☐ **surplus** /sə́:rplʌs/ 图 **余剰**

＊ sur ｛上に｝＋ plus ｛プラス｝

Japan has a surplus of rice.
日本では米が余っている

☐ **sirloin** /sə́:rlɔin/ 图 **サーロイン**

＊ sir ｛上の｝＋ loin ｛腰｝ →腰の上部の肉

I had a sirloin steak for dinner yesterday.
私は昨日の夕食にサーロインステーキを食べた

第1章 接頭辞

17 [trans]

●越えて

WORD ROOTS
太平洋横断飛行は transpacific flight。

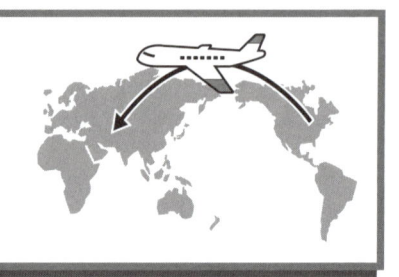

☐ **transparent** /trænspéərənt/ 形 透明な、わかりやすい

* trans {越えて} + par {見える} + ent {形容詞に} →通して見える
  →形 **transparency**　透明性

You always give us a transparent explanation.
あなたの説明はいつもわかりやすい

☐ **transient** /trǽnʃənt/ 形 一時の、はかない

* trans {越えて} + ient {行く} →時間が通過して行く

There was a transient love between us.
私たちの愛ははかないものだった

☐ **translate** /trænsléit/ 動 翻訳する

* trans {越えて} + late {運ぶ} →言語を越える

Let me translate this sentence into English.
この文を英語に訳させてください

☐ **transatlantic** /trænzətlǽntik/ 形 大西洋の向こう側の

* trans {越えて} + atlantic {大西洋} →大西洋を越える

I emailed a transatlantic friend yesterday but have not yet received a reply.
昨日大西洋の向こう岸の友達にメールを送ったのだけど、まだ返事は来ていない

第2章

漢字1文字で連想する英単語

1

[ann, enn]

● 年

WORD ROOTS
1年に1度巡ってくる記念日はアニバーサリー（anniversary）。
1976 年はアメリカ建国 200 年祭。英語では bicentennial《bi（2）＋ cent（百）＋ enn（年）＋ ial（形容詞に）》。

☐ **annual** /ǽnjuəl/ 形 一年の、毎年の

＊ ann ｛年｝＋ ual ｛形容詞に｝ →一年の
→副 **annually** 毎年

My annual income is twice what it was last year.
私の年収は昨年の 2 倍だ

The meeting is held annually.
その会は毎年開催される

☐ **anniversary** /æ̀nəvə́ːrsəri/ 名 …周年記念日

＊ ann ｛年｝＋ vers ｛回る｝＋ ary ｛名詞に｝ →一年に一度巡ってくる

We celebrated our 30th wedding anniversary yesterday.
私たちは昨日、結婚 30 周年を祝った

☐ **centennial** /senténiəl/ 形 百周年の 名 百年祭

＊ cent ｛百｝＋ enn ｛年｝＋ ial ｛形容詞に｝ →百年の
→関連 **bicentennial** 形 2 百周年の 名 2 百年祭

Our company will celebrate its centennial anniversary next year.
我が社は来年、創立百周年を祝う

The United States Bicentennial was a series of celebrations and observances during the mid-1970s.
　アメリカの二百年祭は 1970 年代中頃の一連の祝賀式典であった

□ **biannual** /baiǽnjuəl/ 圏 年 2 回の

＊ bi ｛2｝ ＋ annual ｛一年の｝ →一年に 2 回の

The company reflected business performance in biannual bonuses.
　その会社は業績を年 2 回のボーナスに反映させた

□ **annuity** /ənjúːəti/ 图 年金

＊ ann ｛年｝ ＋ ity ｛名詞に｝ →一年間にもらうもの

My wife receives a small annuity.
　妻は少額の年金をもらっている

□ **annals** /ǽnlz/ 图 年代記、記録、史料

＊ ann ｛年｝ ＋ al ｛名詞｝

The discovery has no equal in the annals of science.
　この発見は科学の記録では匹敵するものはない

□ **perennial** /pəréniəl/ 圏 絶え間ない、多年生の　图 多年生植物、多年草

＊ per ｛通して｝ ＋ enn ｛年｝ ＋ ial ｛形容詞に｝ →一年を通して

The climate of San Francisco is a perennial spring.
　サンフランシスコの天候は常に春だ

2 [bar] ●棒

WORD ROOTS
バー（bar）は飲み屋のカウンターに足かけ用のバー（棒）があったことから、元はドアにかけるかんぬきから。バーテンは bartender【{bar＝バー＋ tend｛世話をする｝＋ er｛人｝】から。「はしご酒」は bar hopping、「司法試験」は bar examination。

☐ **bar** /bɑ́ːr/ 图 バー、酒場、棒、弁護士業 (the bar) 動 締め出す

He took the bar exam last year.
彼は昨年司法試験を受けた

A bar graph is useful for data in separate categories.
棒グラフは別々のカテゴリーのデータに効果的だ

He has been barred from the club.
彼はクラブから締め出しをくっている

☐ **barrier** /bǽriər/ 图 障害、障壁

＊前にある棒が障害になることから
→ 関連 **barrier-free** 形 段差のない、バリアフリーの

High tariffs have become a barrier to international trade.
高い関税が国際貿易の障壁となっている

We have to make efforts to remove as many trade barriers as possible.
私たちは貿易障壁をできるだけ除去する努力をしなくてはならない

☐ **barricade** /bǽrəkèid/ 图障害物　動バリケードで妨げる

＊bar ｛棒｝＋ ade ｛名詞に｝→棒でする行為

The street where the President lives is always barricaded.
大統領が住んでいる通りはいつもバリケードが築かれている

☐ **embargo** /imbáːrgou/ 图通商禁止、出入港禁止、禁輸

＊em ｛中に｝＋ bar ｛棒｝→中に棒を入れる

The government lifted the embargo on oil exports to that country.
政府はその国向けの石油の禁輸を解いた

☐ **embarrass** /imbǽrəs/ 動困らせる、財政困難にさせる

＊em ｛中に｝＋ bar →中に棒を入れる
　→形 **embarrassing**　まごつかせる、恥ずかしい
　→名 **embarrassment**　当惑、決まり悪さ

He is financially embarrassed.
彼は財政的に困っている

What is your most embarrassing memory?
あなたが今までで一番恥ずかしい思いをしたのは何ですか

My ears burned in embarrassment.
私は恥ずかしくて耳が火照った

☐ **barrister** /bǽrəstər/ 图弁護士

＊bar ｛棒｝＋ ster ｛人｝→棒にいる人

What made you decide to become a barrister?
何で弁護士になろうと思ったのですか

3

[cap, cup]

●頭

WORD ROOTS
帽子（cap）をかぶった船長（captain）さんは船の頭（かしら）。
頭からかぶる合羽もポルトガル語の capa から。

□ **capital** /kǽpətl/ 图 資本（金）、首都、大文字　形 大文字の、主要な、資本の

* capit ｛頭｝＋ al ｛形容詞に｝→頭の
　→图 **capitalism**　資本主義
　　图 **capitalist**　資本家
　　動 **capitalize**　資本化する、大文字で書く、乗じる (on)

He started his business with a capital of 20,000,000 yen.
彼は2千万円の資本金で事業を始めた

Write your name in capital letters.
大文字で名前を書いてください

What is the capital of Greece?
ギリシアの首都はどこですか

Let's capitalize on this boom while it lasts.
景気が続いている間に、この景気に乗じよう

☐ **Capitol** /kǽpətl/ 图 国会議事堂

＊capital（首都）の連想から

They are debating the budget on Capitol Hill.
国会議事堂で予算が討論されている

☐ **escape** /iskéip/ 画 逃れる、逃げる

＊es｛外に｝＋ cape｛マント、合羽｝→マントを脱ぐ

He had a narrow escape from the accident.
彼はその事故から間一髪で逃れた

He's always escaping responsibility.
彼はいつも責任逃ればかりしている

☐ **captive** /kǽptiv/ 图 捕虜になった、心を奪われた

＊capt｛頭｝＋ ive｛形容詞に｝→頭を捕まえられた
　→画 **captivate**　心を奪う、魅了する

They were taken captive by masked gunmen.
彼らはマスクをしたガンマンに捕まった

I was captivated by her beauty.
彼女の美しさに心を奪われた

☐ **capture** /kǽptʃər/ 图 捕獲、逮捕　画 捕まえる、引きつける、取る

＊capt｛頭｝＋ ure｛名詞に｝→頭をつかむこと

I'd like to know how to capture the needs of customers.
顧客のニーズの捉え方を知りたい

☐ **capable** /kéipəbl/ 图 能力のある、できる、余地がある

＊cap｛頭｝＋ able｛できる｝→頭が良い

She is a capable secretary.
彼女は有能な秘書だ

The situation is capable of improvement.
事態は改善の余地がある

第2章　漢字1文字で連想する英単語

4

[cap, cup]
● 頭

WORD ROOTS
帽子を被ったシェフ（chef）は料理長。

☐ **capacity** /kəpǽsəti/ 图 能力、定員、容積

＊ cap ｛頭｝ ＋ ity ｛名詞に｝ →捕まえること

That book is beyond my capacity to understand.
その本は私には理解できない

This stadium has a seating capacity of 50,000.
この球場は 50,000 人分の座席がある

☐ **chief** /tʃíːf/ 图 長、課長、係長　 形 最高の、主要な

He was promoted to a branch chief.
彼は支店長に昇進した

Poverty remains the chief cause of disease.
貧困は病気の主な原因である

☐ **achieve** /ətʃíːv/ 動 達成する、獲得する

＊ a ｛〜の方へ｝ ＋ chieve ｛= chef 頭｝ →頭の方へ来る

→图 **achievement** 達成、業績、到達度

The government achieved the goal of reducing the budget deficit to less than 5% of GDP.
政府は GDP の 5%未満まで財政赤字を削減するという目標を達成した

I had a sense of achievement after I had done the work.
その仕事を終えた後、達成感があった

☐ **occupy** /ákjupài/ 動 占める、占領する、従事する

＊ oc ｛対して｝＋ cup ｛頭、つかむ｝ →頭をつかむ

He occupies a high position in the company.
彼はその会社で高い地位を占めている

I think I'll occupy myself in my father's business.
父の仕事に従事するつもりです

☐ **occupation** /àkjupéiʃən/ 名 職業

＊ occupy ｛占める｝＋ ion ｛名詞に｝ →生活を占めるもの
→形 **occupational** 職業の

He has settled down to a regular occupation.
彼は定職に落ち着いた

My mother works as an occupational therapist.
母の仕事は作業療法士です

☐ **occupant** /ákjupənt/ 名 （土地、家、部屋などの）占有者、居住者

＊ occupy ｛占める｝＋ ant ｛人｝

Who is the occupant of this house?
この家に住んでいる人は誰ですか

☐ **preoccupied** /priːákjəpaid/ 形 夢中になって、心を奪われて

＊ pre ｛前に｝＋ occupy ｛占める｝＋ ed ｛～されて｝ →頭をつかまれて

I was preoccupied with responses to that.
私はその対応に追われた

第2章 漢字1文字で連想する英単語

5

[car, char]

● 車、走る

WORD ROOTS
人を乗せて走る車
＊バーに入って取られる席料のテーブルチャージ、正しくは cover charge。通常より高い料金を請求するのは overcharge、低い料金を請求するのは undercharge、燃油サーチャージ（surcharge）は燃料にかかる特別付加運賃のこと。

☐ **charge** /tʃɑ́ːrdʒ/ 動 請求する、告発する、突撃する、充電する、満たす　名 料金、責任、非難、充電

He was charged with tax evasion.
　彼は脱税で告発された

The store doesn't charge for delivery of purchases over 10,000 yen.
　その店は1万円以上の買い物の配達料は請求しない

This battery charges quickly.
　この電池はすぐに充電できる

Who is in charge of this section?
　この部の責任者は誰ですか

There is no delivery charge.
　配達は無料です

☐ **carry** /kǽri/ 動 運ぶ、持ち歩く

You are supposed to carry your ID card with you all the time.
　常に身分証明書を持ち歩かなくてはならないことになっています

□ **carriage** /kǽridʒ/ 图 四輪馬車、車両（=car）、運送

＊carry｛運ぶ｝＋ age｛名詞に｝→運ぶこと

This carriage is reserved.
　この車両は予約です

□ **career** /kəríər/ 图 経歴、職業、出世

＊人生を走りぬくことから

Knowledge of the Internet is crucial for my career.
　インターネットの知識は私の仕事には不可欠だ

One of my friends started his political career in Saitama.
　私の友達の一人が埼玉で政治活動を始めた

□ **carrier** /kǽriər/ 图 運送会社、輸送車、保菌者

＊carry｛運ぶ｝＋ er｛人｝→運ぶ人

LCC stands for low cost carrier.
　LCC はローコストキャリア（低価格輸送会社）を表す

□ **cargo** /kɑ́ːrgou/ 图 積荷、貨物

The tanker began to spill its cargo of oil.
　タンカーの積荷から石油がこぼれ始めた

□ **discharge** /distʃɑ́ːrdʒ/ 動 解放する、解雇する、支払う、降ろす

图 解放、免除、弁済

＊dis｛離れて｝＋ charge｛車｝→車から降ろす

The taxi discharged its passengers at Tokyo Station.
　そのタクシーは東京駅で客を降ろした

The company discharged the clerk for dishonesty.
　会社はその社員を不正行為のために解雇した

第 2 章　漢字 1 文字で連想する英単語

6
[card, cart]
● 紙

WORD ROOTS
カルタはポルトガル語から、医師が使うカルテはドイツ語から、共に古代ギリシア語に由来。「紙」の paper はラテン語のパピルス（papyrus）から。

☐ **cardboard** /ká:rdbɔ:rd/ 图 **厚紙、段ボール**

＊ card ｛紙｝＋ board ｛板｝

He makes and sells cardboard boxes.
彼は段ボールの製造販売をやっている

☐ **charter** /tʃá:rtər/ 图 **用船契約（書）、憲章** 動 **借り切る、チャーターする**

＊小さな紙から

The charter flight is to take off at three.
チャーター便は3時に離陸することになっている

The United Nations Charter was signed in 1945.
国連憲章は1945年に署名された

A group of journalists chartered an airplane to fly them to Addis Ababa.
ジャーナリストたちの集団がアジスアベバに飛ぶ飛行機を借り切った

☐ **chart** /tʃá:rt/ 图 **海図、図表、グラフ、ヒットチャート、カルテ**

This chart shows last year's sales figures.
この図表は昨年の売り上げ数を示している

☐ **discard** /diskɑ́:rd/ 動 捨てる

＊dis｛離れて｝＋ card｛カード｝→カードを離す

People who discard their litter in the streets should pay heavy fines.
通りにゴミを捨てる人は重い罰金を払うべきだ

☐ **carton** /kɑ́:rtn/ 名 大箱、紙パック

＊厚紙から

A cow is illustrated on the milk carton.
牛乳パックに牛がイラストされている

☐ **cartoon** /kɑ:rtú:n/ 名（風刺）漫画、アニメ

＊厚紙に描かれた絵から

The cartoon in today's paper makes fun of those politicians.
今朝の新聞の漫画は政治家をやゆしたものだ

☐ **cartel** /kɑ:rtél/ 名 企業連合、カルテル

＊企業同士の協定を紙に書いたことから

The objectives of cartels are to increase their profits or to stabilize market sales.
カルテルの目的は利益を増やしたり、市場価格を安定させることだ

7

[cord, cor]
● 心

WORD ROOTS
レコードを聴いて昔の心に戻る。record は「記録（する）」。リンゴの芯や物事の核心は core。

□ **record** /rikɔ́:rd/ 動 記録する　/rékərd/ 記録

＊ re ｛後ろに｝ ＋ cord ｛心｝ →心を過去に戻す

Last year the company recorded a profit of £1.4 million.
昨年、その会社は 1,400,000 ポンドの利益を記録した

Keep a record of everything you spend.
使ったものは全て記録しなさい

□ **accord** /əkɔ́:rd/ 名 一致、調和　動 一致する、調和する

＊ ac ｛〜の方へ｝ ＋ cord ｛心｝ →心を合わせる

→熟 **according to**　一致して、従って

We reached an accord with that company.
私たちはその会社と合意に達した

His account of the accident accords with yours.
彼の事故に関する説明はあなたの説明と一致している

You still owe $500, according to our records.
私たちの記録によればあなたはまだ 500 ドルの借金がある

□ **concord** /kánkə(r)d/ 名 一致、調和

＊ con ｛共に｝ ＋ cord ｛心｝ →心を合わせる

The family lives in concord.
その家族は仲むつまじく暮らしている

☐ **discord** /dískɔːrd/ 图不一致、不調和

＊ dis｛離れて｝＋ cord｛心｝→心を離す

The committee is in discord over the issue of tax reduction proposals.
委員会は減税案の問題に関してもめている

☐ **courage** /kə́ːridʒ/ 图勇気

＊ cour｛心｝＋ age｛名詞に｝
→形 **courageous** 勇敢な

I admire him for his courage.
彼の勇気には敬服する

After a courageous struggle against cancer, she died at the age of thirty.
勇敢にガンと闘ったが彼女は 30 歳で亡くなった

☐ **encourage** /inkə́ːridʒ/ 動勇気づける、励ます、促進する

＊ en｛動詞に｝＋ courage｛勇気｝→勇気づける

Congress is considering tax breaks to encourage investment.
国会は投資を促進するための減税を検討している

☐ **discourage** /diskə́ːridʒ/ 動がっかりさせる、思いとどまらせる

＊ dis｛離れて｝＋ courage｛勇気｝→勇気をなくす

It's our company policy to discourage office romances.
社内恋愛を奨励しないのが我が社の方針だ

☐ **cordial** /kɔ́ːrdʒəl/ 形心からの

＊ cord｛心｝＋ ial｛形容詞に｝→心の

We received a cordial welcome from them.
私たちは彼らから真心のこもった歓迎を受けた

8 [eco]
● 家

WORD ROOTS
エコロジー（ecology）は住む所（eco）の研究（logy）から。

□ **economy** /ikánəmi/ 图経済、景気、節約　形安価な

＊ eco｛家｝＋ nomy｛法則｝→家の法則
→形 **economic** 経済の、経済学の
　　　economical 経済的な、節約の
　　　economist 経済学者

The economy is in recession.
景気は後退している

I hate travelling economy class.
エコノミークラスでの旅行は嫌だ

The economic growth is slow.
経済成長は遅れている

I'd like to buy a car that is more economical on gasoline.
ガソリンがもっと節約できる自動車を買いたい

She is distinguished as an economist.
彼女は経済学者として有名だ

☐ **ecology** /ikάlədʒi/ 图 生態（学）、生態系

＊ eco ｛家｝ ＋ logy ｛学問、研究｝ →地球の研究
→圈 **ecological** 生態（学）の、生態系の

Oil pollution could damage the ecology of the coral reefs.
石油汚染は珊瑚礁の生態系を損ないかねない

Wildlife is important to maintain an ecological balance of nature and the food chain.
野生生物は自然の生態均衡と食物連鎖の維持において重要である

☐ **economize** /ikάnəmàiz/ 動 節約する

＊ economy ｛節約｝ ＋ ize ｛動詞に｝ →節約する

Families on low incomes have to economize on food and heating costs.
低収入の家庭は食費と光熱費を節約しなければならない

☐ **eco-friendly** /í:koufrèndli/ 圈 環境に優しい

＊ eco ｛家｝ ＋ friend ｛友｝ ＋ ly ｛形容詞に｝ →地球に友だちの

The new model is energy efficient and eco-friendly.
この新型はエネルギー効率が良く、環境に優しい

☐ **ecosystem** /í:kousìstəm/ 图 生態系、エコシステム

＊ eco ｛家｝ ＋ system ｛体系｝

It is difficult to maintain balance in an ecosystem.
生態系のバランスを保つのは難しい

☐ **ecotourism** /í:kou-túərizm/ 图 エコツーリズム、環境保護観察旅行

＊ eco ｛家｝ ＋ tour ｛旅｝ ＋ ism ｛名詞に｝

The aim of ecotourism is to reduce the impact that tourism has on naturally beautiful environments.
エコツーリズムの目的は、観光産業が美しい自然環境に与える影響を減らすことだ

⑨ [form]
●形

WORD ROOTS
同じ (uni =1つの) 形 (form) をしたユニフォーム (uniform)。「(型にはまった) 形式的な、正式な」は formal。

□ **form** /fɔ́:rm/ 图 形、形態、種類、申込用紙　動 形作る、結成する、構成する

→形 **formal** 形式的な、公式の
→反 **informal** 非公式の、形式張らない

The bicycle is an environment-friendly form of transport.
自転車は環境に優しい輸送形態だ

The winning party will form the government.
勝った政党が政府を構成するだろう

Fill out the application form.
申込用紙に記入しなさい

You should wear a formal dress to the party.
パーティにはフォーマルなドレスを着て行った方がいいでしょう

He got an informal offer for the job.
彼は就職が内定しました

□ **formality** /fɔ:rmǽləti/ 图 儀礼的行為、正規の手続き

＊ formal ｛形式の｝＋ ty ｛名詞に｝→形式

Let's do away with the formalities.
堅苦しい挨拶はやめましょう

☐ **reform** /rifɔ́:rm/ 動 改善する 名 改善、改良、改革

＊ re ｛再び｝ ＋ form ｛形｝ →再び形にする

Reforms in agriculture, although slow, are beginning to have an impact.
ゆっくりではあるが農業改革が影響を与え始めている

The government started tax reform.
政府は税制改革に着手した

☐ **conform** /kənfɔ́:rm/ 動 従う、一致させる

＊ con ｛共に｝ ＋ form ｛形｝ →同じ形にする

The student was expelled for refusing to conform to school rules.
その生徒は校則に従うのを拒否して辞めさせられた

☐ **inform** /infɔ́:rm/ 動 知らせる

＊ in ｛中に｝ ＋ form ｛形｝ →頭の中に形作る

→名 **information** 名 情報、知識

You should inform your bank of any change of address.
住所が変わったことを銀行に知らせるべきだ

For further information, please write to the following address.
もっと詳しい情報については、以下の住所に手紙を書いてください

☐ **perform** /pərfɔ́:rm/ 動 実行する、演じる

＊ per ｛完全に｝ ＋ form ｛形｝ →完全な形にする

→名 **performance** 実績、実行、上演

He is no longer able to perform his duties.
彼はもはや自分の義務を遂行できない

The company improved its financial performance.
その会社は財政実績を改善させた

第2章 漢字1文字で連想する英単語

10 [fort, force]

●力

WORD ROOTS
音楽記号のフォルテ（f）は力強く。敵の侵入を防ぐために強固に建てられた要塞は fortress。

☐ **force** /fɔ́ːrs/ 图力、暴力、軍　動強制する

→形 **forceful**　力強い
　　forcible　強制的な

The force of public opinion stopped the highway project.
世論の力で公道計画がストップした

Rebel forces are seeking to overthrow the government.
反乱軍は政府転覆を企てている

All the hostages were forced to hand over their passports.
人質は全員パスポートを渡すことを余儀なくされた

She was a forceful advocate of women's rights.
彼女は女性の権利を強烈に擁護した

The burglar made a forcible entry into the apartment.
強盗はアパートに不法侵入した

☐ **comfort** /kʌ́mfərt/ 图快適さ　動慰める

＊ com ｛完全に｝ ＋ fort ｛力強い｝ →力強さ
　→形 **comfortable**　快適な
　→関連 **discomfort**　图不快、苦痛　動不快にする

Joyce did her best to comfort him.
ジョイスは彼を慰めようと最善を尽くした

He lived the rest of his life in comfort.
彼は余生を快適に過ごした

Please make yourself comfortable.
どうぞお楽にしてください

The disease causes acute physical discomfort.
その病気は急激な体の苦痛を引き起こす

□ **effort** /éfərt/ 图 努力

＊ef ｛外に｝ ＋ fort ｛力｝ →外に出す力

We make every effort to satisfy clients' wishes.
私たちはあらゆる努力を払って顧客の望みをかなえます

□ **enforce** /infɔ́:rs/ 動 守らせる、施行する

＊en ｛動詞に｝ ＋ force ｛力｝ →力を与える

The police are strict here about enforcing the speed limit.
ここでは警察はスピード違反に厳しい

□ **reinforce** /rì:infɔ́:rs/ 動 強固にする、補強する

＊re ｛再び｝ ＋ in ｛中に｝ ＋ force ｛力｝ →再び中に力を与える

The dam was reinforced with 20,000 sandbags.
そのダムは2万個の砂袋で補強された

□ **fortify** /fɔ́:rtəfài/ 動 防備を強化する

＊fort ｛力｝ ＋ ify ｛動詞に｝ →力を与える
→图 **fortification** 防備、強化

Concrete blocks were piled high to fortify the central government building.
中央政府の防備を補強するためにコンクリートブロックが積み上げられた

11

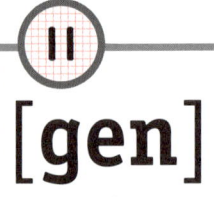

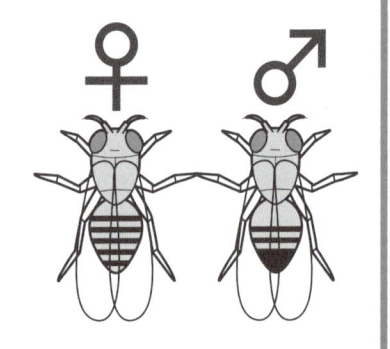

[gen]
● 種、生む

WORD ROOTS
種を決める「遺伝子」は gene。ジェンダー（gender）＝「性」は生まれた時に決まるもの。

☐ **general** /dʒénərəl/ 圏 一般的な、全体的な

＊ gene ｛種｝＋ ral ｛形容詞に｝→種族全般の
→ 動 **generalize** 一般化する、引き出す
　 副 **generally** 一般的に

There has been a general decline in educational standards.
教育水準は全般的に低下している

The polls show that it is difficult to generalize about which issues were most important to voters.
どの問題が投票者たちに最も重要であるかを引き出すのは難しいということが、世論調査でわかる

Generally, the team has been more successful at home.
一般的にそのチームはホームの方が結果が良い

☐ **generate** /dʒénərèit/ 動 発生させる、引き起こす

＊ gene ｛種｝＋ ate ｛動詞に｝→生まれさせる
→ 名 **generation** 世代、発生

Tourism generates income for local communities.
観光産業は地元の社会に収入を発生させる

In my generation the divorce rate is very high.
私の世代では離婚率はとても高い

☐ **genius** /dʒíːnjəs/ 图 天才、才能、守護神

＊アラジンのジーニーは「守護神」の意味

Could a computer ever achieve the genius of men like Newton and Einstein?
ニュートンやアインシュタインのような天才をコンピュータは完成させることができるだろうか

☐ **genial** /dʒíːnjəl/ 形 愛想の良い、穏和な

＊ gene｛生まれる｝＋ al｛形容詞に｝→生まれ持った

We were given a genial welcome.
私たちは温かい歓迎を受けた

☐ **genuine** /dʒénjuin/ 形 本物の、純粋な

＊ gen｛生まれる｝＋ ine｛形容詞に｝→生まれた時のような

For years people thought the picture was a genuine Van Gogh.
何年もの間、その絵は本物のヴァン・ゴッホだと思われていた

☐ **generous** /dʒénərəs/ 形 寛大な、気前の良い

＊ gene｛生まれる｝＋ ous｛形容詞に｝→生まれ持った
→图 **generosity** 寛大、気前の良さ

She was generous enough to overlook my little mistake.
彼女は寛大にも私の小さなミスを見逃してくれた

I am deeply impressed with your generosity.
私はあなたの寛容さに深く感銘を受けています

第2章　漢字1文字で連想する英単語

12 [grad, gress]

●歩、進む

WORD ROOTS
色の濃さや明るさが段階を経て徐々に変わるのがグラデーション（gradation）。

□ **grade** /gréid/ 图 段階、成績　動 等級に分ける、成績をつける

I wasn't very happy with the grade on my essay.
エッセイの成績にはあまり満足できなかった

These pupils are in the third grade.
これらの児童は3年生です

Beef is graded on the basis of its fat content.
ビーフは脂身をもとに等級に分けられる

□ **gradual** /grǽdʒuəl/ 圏 段階的な、ゆるやかな

＊ grad ｛進む｝ ＋ ual ｛形容詞に｝ →進んでいる
　→副 **gradually** 徐々に

Her health showed gradual improvement.
彼女の健康は徐々に回復した

Her English is gradually improving.
彼女の英語は徐々によくなってきている

☐ **gradate** /gréideit/ 動別の色に変える、段階を付ける

＊ grade｛段階｝＋ ate｛動詞に｝→段階にする
→名 **gradation** 徐々に変化すること、段階、等級

The paint on the walls has gradated but you don't see it.
この壁のペンキはぼやけてきたけど、分からないでしょ

☐ **degrade** /digréid/ 動品位を下げる

＊ de｛下に｝＋ grade｛進む｝→下に進む

You shouldn't degrade yourself by not behaving.
行儀悪くして品位を下げないように

☐ **upgrade** /ʌ́pgreid/ 動品質を上げる、格上げする

＊ up｛下から上へ｝＋ grade｛進む｝

We have to upgrade the PC to protect it from computer viruses.
コンピュータウィルスからパソコンを守るために、アップグレードしなければならない

☐ **degree** /digríː/ 名程度、～度、学位

＊ de｛下に｝＋ gree｛段、地位｝

The temperature is 99 degrees Fahrenheit.
今は華氏99度です

Applicants must have a degree in engineering.
応募者は工学の学位を持っていなければならない

To what degree is unemployment society's fault?
失業に対して、どの程度社会に責任があるだろうか

13

[grad, gress]

● 歩、進む

WORD ROOTS
アグレッシブ（aggressive）に攻撃するチーム。

□ **progress** /prágres/ 图 進歩、発展　動 prəgrés 前進する、進歩する、はかどる

* pro〔前に〕+ gress〔進む〕→前に進む
  → 形 **progressive** 進歩的な、前進する、進行形の

Is your study making any progress?
研究は少しは進んでいるの？

The work hasn't progressed very far.
仕事はあまりはかどっていない

He suffers from a progressive brain disorder.
彼は進行性の脳障害を患っている

□ **aggressive** /əgrésiv/ 形 攻撃的な、積極的な

* a〔～の方へ〕+ gress〔進む〕+ ive〔形容詞に〕→進んでいる
  → 图 **aggression** 攻撃、侵略、侵入

There's an aggressive war going on in the Middle East.
中東では侵略戦争が行なわれている

Textbooks tend to ignore past military aggressions.
教科書は過去の軍事侵略を無視しがちである

☐ **congress** /káŋgres/ 图議会

＊ con ｛共に｝ + gress ｛行く｝ →みんなで行く
　→関連 图 **congressman**　国会議員

That woman is a member of Congress.
あの女性は国会議員だ

He was a congressman for six years.
彼は6年間国会議員だった

☐ **graduate** /grǽdʒuèit/ 卒業する　图 grǽdʒuət　卒業生

＊ grad ｛進む｝ + ate ｛動詞に｝ →進む
　→图 **graduation**　卒業

They graduated from Harvard Univ.
彼らはハーバード大学卒業だ

☐ **ingredient** /ingríːdiənt/ 图材料、成分

＊ in ｛中に｝ + grad ｛進む｝ + ent ｛名詞に｝ →中に入っているもの

This ingredient is hard to find in this country.
この材料をこの国で見つけるのは難しい

☐ **regress** /rigrés/ 後戻りする、後退する、退歩する、ひどくなる
图後戻り、後退

＊ re ｛後ろに｝ + gress ｛進む｝ →後ろに進む
　→图 **regression**　後戻り、後退

Since leaving Japan, his Japanese began to regress.
日本を出てから彼の日本語はひどくなり出した

第2章　漢字1文字で連想する英単語

14

[man, main]

● 手

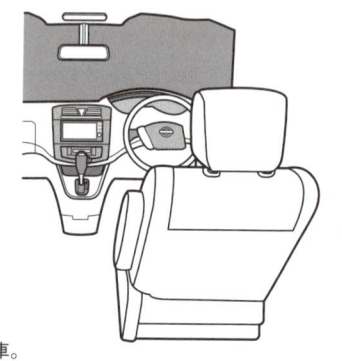

WORD ROOTS
手で (man) 操作するマニュアル (manual) 車。
マナー (manner) は「手で扱うこと」から「方法」「様式」に。

□ **manage** /mǽnidʒ/ 動 どうにかこうにか〜する、経営する

* man {手で} + age {扱う} →手で扱う
  →名 **management** 経営、管理

She will be able to manage without any help.
彼女は何の助けもなく、やっていけるだろう

At least three hostages managed to escape.
少なくとも3人の人質が何とか脱出できた

The company's success was the result of good management.
その会社の成功はりっぱな経営手腕の結果だった

□ **manipulate** /mənípjulèit/ 動 操作する、操る

* mani {手で} + pul {たくさんの} +ate {動詞に} →たくさんの手で扱う
  →名 **manipulation** 市場操作、取り扱い

That politician manipulates public opinion quite well.
あの政治家は世論を操るのがとてもうまい

☐ **manuscript** /mǽnjuskrìpt/ 图 原稿

* manu {手で} + script {書かれた} →手で書かれたもの

Will you correct a manuscript of 350 pages in two days?
二日間で 350 ページの原稿を手直ししていただけませんか

☐ **manifest** /mǽnəfèst/ 图 はっきりとした

* mani {手で} + fest {つかむ} →手でつかんだ

You don't have to explain it to us. It's manifest to all of us.
その説明の必要はありません。みんなはっきりと分かっていることですから

☐ **manifesto** /mæ̀nəféstou/ 图 宣言、声明書

* manifesto {明らかにすること}

That party finally issued a manifesto.
あの政党はやっとマニフェストを出した

☐ **emancipate** /imǽnsəpèit/ 動 解放する、保釈する

* e {外へ} + man {手} + cip {つかむ} + ate {動詞に} →手でつかんで外へ出す

→图 **emancipation** 解放

Lincoln emancipated the slaves in 1863.
リンカーンは 1863 年に奴隷を解放した

☐ **manacle** /mǽnəkl/ 图 手錠、手かせ、足かせ 動 手錠をかける

* man {手} + cle {指小辞} →小さな手

The drunkard awoke to find himself in manacles.
その酔っぱらいは目が覚めると手錠を掛けられていた

15 [mar, mir]

●鏡、驚く

WORD ROOTS
鏡（mirror）に写った自分の姿にびっくりする。

□ **admire** /ædmáiə(r)/ 動 賞賛する、感服する

* ad ｛〜に向かって｝ + mire ｛驚く｝ →〜に驚く
  →图 **admiration** 感嘆、感心

Japanese people tend to admire the moon.
日本人は概して月を愛でる

I gazed at the statue in admiration.
私はその像を見て感嘆した

□ **marvel** /má:rvəl/ 图 驚異、驚くべきこと　動 驚く

* marvel ｛驚くべきこと｝

Those scientists were surprised at the marvels of nature.
それらの科学者は自然の驚異に驚いた

I marvelled at my mother's ability to remain calm in a crisis.
母が危機に直面しても冷静でいられる能力に私は驚いた

□ **marvelous** /má:rvələs/ 形 驚くべき、すばらしい

* marvel ｛驚く｝ + ous ｛形容詞に｝ →驚きの

I was invited to a marvelous party last night.
昨晩はすばらしいパーティに招待されました

□ **mirage** /mirá:ʒ/ 图 蜃気楼、はかない夢

＊ mir {見る} ＋ age {名詞に} →見えるもの

Sorry to say this, but you're chasing a mirage.
残念だが、君が追いかけているものははかない夢だ

□ **miracle** /mírəkl/ 图 奇跡、偉業

＊ mira {驚く} ＋ cle {指小辞} →驚き

→圏 **miraculous** 奇跡的な、素晴らしい

That's a miracle of miracles.
それは奇跡中の奇跡だ

He has had a miraculous escape.
彼は奇跡的に助かった

□ **admirable** /ǽdmərəbl/ 图 立派な、称賛に値する

＊ ad {〜の方へ} ＋ mire {驚く} ＋ able {形容詞に} →驚きの

The man made an admirable speech to protect poor people.
あの男は貧しい人々を守るため立派なスピーチを行なった

第2章 漢字1文字で連想する英単語

16

[mat(er), metr]

● 母、子宮

WORD ROOTS
母なる大地・主要都市の地下を走る鉄道メトロ（Metro）。

□ **matriculate** /mətríkjulèit/ 動 大学に入る

* matricula ｛登録する｝ + ate ｛動詞に｝ →登録する
→名 **matriculation** 大学入学許可

I will matriculate at a university next September.
私は来年の9月に大学に入学します

Both of her parents attended the matriculation ceremony.
彼女の両親は大学の入学式に出席した

□ **maternal** /mətə́:rnl/ 形 母の

* mater ｛母｝ +al ｛形容詞に｝ →母の

Nothing is as great as maternal love.
母親の愛情は何よりも偉大だ

□ **maternity** /mətə́:rnəti/ 名 母であること、母性、妊娠している状態

* mater ｛母｝ +al ｛形容詞に｝ + ity ｛名詞に｝ →母であること

To take maternity leave is a basic right.
産休をとることは基本的権利です

☐ **matrix** /méitriks/ 图 母体、発生源

＊ matrix ｛子宮｝

Rome was the matrix of Western civilization.
ローマは西洋文明の発生源であった

☐ **alma mater** /ǽlmə-méitər/ 图 母校、校歌

＊ alma ｛育成する｝ + mater ｛母｝　→母が育てる

I'm now teaching at my alma mater.
私は今母校で教鞭を執っている

☐ **metropolitan** /mètrəpálitən/ 图 首都の、大都市の

＊ metro ｛母の｝ + polit ｛都市｝ + an ｛形容詞に｝　→母なる都市の

→图 **metropolis**　主要都市、中心都市

If a big earthquake happened in the Tokyo Metropolitan area, what would it be like?
もし東京都内で大地震が起きたら、どうなるのであろうか

The railways radiate from the metropolis in all directions.
鉄道が中心都市から四方へ通じている

☐ **matrimony** /mǽtrəmòuni/ 图 結婚生活、婚姻

＊ matri ｛母｝ + mony ｛名詞に｝　→母親になった状態

→图 **matrimonial**　結婚式の、夫婦間の

His wealth finally allured her into matrimony.
ついに彼女は彼の財産に釣られて結婚した

17

[mind, ment, memo]

●心、記憶

WORD ROOTS
記憶を保存するメモリースティック (memory stick)。

□ **remember** /rimémbər/ 動 覚えている

＊ re {再び} ＋ member {心} →思い返す
　→名 **remembrance**　記憶、思い出、記念（品）

Remember to lock the door when you go out.
　外出するときはドアに鍵をかけることを忘れないように

He remembered meeting her at a party once.
　彼は一度パーティで彼女に会ったことを覚えていた

She sent me this photo as a remembrance.
　彼女は記念にこの写真を私に送ってくれた

□ **mention** /ménʃən/ 名 言及　動 言及する

＊ ment {記憶} ＋ ion {名詞に}

As I mentioned earlier, sales this year have been lower than expected.
　さっき言ったように、今年の売上げは予想より低い

□ **commemorate** /kəmémərèit/ 動 記念する、祝する

＊ com {共に} ＋ memo {記憶} ＋ ate {動詞に} →共に記憶する
　→名 **commemoration**　祝賀（会）、記念（式）
　→形 **commemorative**　記念の

To commemorate this event, we have a get-together here in Nagano every year.
この出来事を記念して、私たちは毎年ここ長野に集まるのです

A 50th anniversary commemoration is planned for November.
50周年記念式典が11月に予定されている

Let's take a commemorative photo.
ここで記念写真を撮ろう

☐ **memory** /méməri/ 图 記憶

* memo ｛記憶｝ + ory ｛名詞に｝
　→関連 **memorial** 图 記念物、記念碑、記念館

I'm sorry, but I have no memory of that.
申し訳ありませんが、全く記憶がありません

Every year we visit the war memorial in Hiroshima.
毎年私たちは広島の戦没記念碑を訪れる

☐ **memorize** /méməràiz/ 動 暗記する

* memory ｛記憶｝ + ize ｛動詞に｝ →記憶する

I have to memorize 100 English words by tomorrow.
私は明日までに英単語100語を暗記しなければならない

☐ **memorandum** /mèmərændəm/ 图 メモ、覚え書き

*記憶されるべきものから

I try to write a memorandum as often as possible so as not to forget things.
私は物忘れをしないように、できるだけメモをとるようにしている

☐ **immemorial** /ìməmɔ́ːriəl/ 形 太古の昔の、遠い昔から

* im ｛〜でない｝ + memorial ｛記憶の｝ →記憶できないほど遠い

Since time immemorial, people have left their countries in search of a better life.
太古の昔から、人々はよりよい生活を求めて自分の国を去っていく

18

[mode]

● 型、測る

WORD ROOTS
プラスチックの模型はプラモデル（plastic model）。

☐ **accommodate** /əkάmədèit/ 動 収容する、宿泊させる

* ad + com ｛共に｝ + mode ｛型｝ + ate ｛動詞に｝ →同じ型にする
   →名 **accommodation** 収容（設備）、収容能力

This small car accommodates 6 people.
この車は小さくても6人乗り用です

The hotel has very good accommodation.
そのホテルの客室はとても良い

☐ **modern** /mάdərn/ 形 現代的な、近代的な

* mode ｛型｝ + ern ｛形容詞に｝
   →動 **modernize** 近代化する

He has a modern way of thinking.
彼の考え方は現代的だ

The President pledged to modernize Mexico when he was elected.
大統領は当選した時、メキシコを近代化すると誓った

□ **modest** /mάdist/ 形 謙虚な、謙遜な

Philip is being modest.
フィリップは謙遜しているだけだよ

□ **moderate** /mάd(ə)rət/ 形 節度のある、穏健な　動 控える、議長を務める

* mode ｛型｝＋ ate ｛形容詞に｝ →型にはまった
  →名 **moderation** 緩和、節度

She drives at moderate speeds.
彼女は適度なスピードで運転します

You should moderate your drinking.
飲酒は控えた方がいい

□ **commodity** /kəmάdəti/ 名 商品、産物

* com ｛共に｝＋ mod ｛型｝＋ ity ｛名詞に｝ →同じ型

This commodity price is low.
この商品の価格は安い

□ **remodel** /riːmάdəl/ 動 型を直す、改造する

* re ｛再び｝＋ model ｛型｝ →型を変える

I'm going to remodel my house.
家を改築するつもりです

□ **modify** /mάdəfài/ 動 修正する、緩和する

* mode ｛型｝＋ ify ｛動詞に｝ →型にする
  →名 **modification** 修正、緩和

We can modify the design to make it suitable for commercial production.
商業生産に適したものにするためにデザインを修正することができる

19 [pass]
●歩、通る

WORD ROOTS
「歩幅」はコンパス（compass）。トランプでパス（pass）するとは、自分を通り過ぎて次の人に渡すこと。

☐ **pass** /pǽs/ 動 通る、渡す、過ぎる、過ごす、合格する　名 通行証、券、通過、小道

Will you pass me the salt?
塩を取ってくれますか

I passed my time reading.
読書で暇をつぶした

My son passed the entrance examination to Tokyo University.
息子は東大の入試に合格した

☐ **surpass** /sərpǽs/ 動 上回る、勝る

＊ sur ｛〜を超えて｝ ＋ pass ｛通る｝ →通り越す

This year's trade surplus surpasses those of all previous years.
今年の貿易黒字はこれまでのどの年をも上回っている

What he said to me surpasses my comprehension.
彼が言っていることは理解できない

☐ **passerby** /pæ̀:səbái/ 图 通行人、通りすがりの人

＊ pass ｛通る｝ ＋ er ｛人｝ ＋ by ｛〜のそばを｝ →そばを通る人

The police arrested a robber who assaults passersby on the road.
警察は路上で通行人を襲う強盗を逮捕した

☐ **passenger** /pǽsəndʒər/ 图 乗客

＊ pass ｛通る｝ ＋ age ｛名詞に｝ ＋ er ｛者｝ →通る人

How many passengers are there on the airplane?
飛行機には何人くらい乗客が乗っているのですか

☐ **by-pass** /bái-pǽs/ 图 バイパス

＊ by ｛そばを｝ ＋ pass ｛通る｝ →そばを通る

This patient must have by-pass surgery done right away.
この患者はすぐにバイパス手術を受けなければならない

☐ **encompass** /inkʌ́mpəs/ 動 包囲する、囲む

＊ en ｛〜の中に｝ ＋ compass ｛範囲｝

A theory encompassing all the phenomena which haven't been explained so far has not been proposed.
今まで説明できないすべての現象を包括している理論はまだ提案されていない

☐ **trespass** /tréspəs/ 動 侵入する、迷惑をかける

＊ tres ｛〜を越えて｝ ＋ pass ｛通る｝ →通り過ぎる

Entering houses without permission is to trespass against the law.
許可なく家にはいることは法律違反です

⑳ [pat]

● 父

WORD ROOTS
パトリオットミサイル（patriot missile）は父祖の国を守る迎撃ミサイル。patron（パトロン）は「後援者」「保護者」「常連客」の意味を持つが、本来は「父」に由来。

☐ **paternal** /pətə́:rnl/ 形 父の、父方の

　＊ pater ｛父｝ ＋ al ｛形容詞に｝ → 父の
　　→ 名 **paternity** 父性、父権

　He is an uncle on the paternal side.
　　彼は父方のおじです

　The paternity of the child is in dispute.
　　その子供の父権が論議されている

☐ **pattern** /pǽtərn/ 名 様式、型、パターン、模様

　＊洋裁の型紙や決まった様式は、父親のように真似られるものから

　I'd prefer a floral pattern kimono.
　　私は花柄の着物が好きです

☐ **patriot** /péitriət/ 名 愛国者

　＊父祖を思う人から

　A patriot must always be ready to defend his country against his government.
　　愛国者は時の政府から常に国を守る覚悟をしなければならない

☐ **patronage** /péitrənidʒ/ 图 後援、保護、ひいき、得意客

＊ patro ｛父｝ ＋ age ｛名詞に｝ →父親であること

The hotel has a large patronage.
そのホテルは得意客が多い

Thank you for your constant patronage.
ごひいきにありがとうございます

☐ **patriotism** /péitriətìzm/ 图 愛国心

＊ patriot ｛愛国者｝ ＋ ism ｛名詞に｝

He doesn't have a strong feeling of patriotism.
彼はそんなに強い愛国心は持ち合わせていない

☐ **expatriate** /ekspéitrièit/ 图 国外移住者、国外追放者

＊ ex ｛〜外へ｝ ＋ patri ｛父祖｝ ＋ ate ｛名詞に｝ →父祖の国の外へ

We'll have to place a Japanese expatriate in India when we run a restaurant there.
インドにレストランを出店するときには、日本人スタッフを一人おかなければならないだろう

☐ **repatriate** /riːpéitrièit/ 動 本国へ送還する

＊ re ｛再び｝ ＋ patri ｛父祖｝ ＋ ate ｛動詞に｝ →再び父祖の国へ

She was taken to somewhere in the Middle East and repatriated on June 20th.
彼女は中東のどこかに連れて行かれ、6月20日に送還された

21 [ped]
● 足

WORD ROOTS
足を乗せるペダル（pedal）。

□ **expedition** /èkspədíʃən/ 图 探検

* ex ｛外に｝＋ ped ｛足｝＋ tion ｛名詞に｝→足を外に向けること
  →動 **expedite** はかどらせる、早く片づける

They were raising funds for the expedition.
彼らは探検の資金を調達していた

A phone call to the finance department may help to expedite the payment.
経理部に電話すれば早く支払ってもらえるかもしれません

□ **pedestrian** /pədéstriən/ 图 歩行者

* pedester ｛歩いて行く｝＋ ian ｛人｝

This street is busy with pedestrian traffic.
この道は人通りが多い

□ **peddle** /pédl/ 動 行商する

* ped ｛足｝＋ le ｛反復｝→何度も足を運ぶ

He continued to peddle his wares until unable to walk a few months ago.
彼は数ヶ月前に歩けなくなるまで商品の行商を続けた

☐ **pedometer** /pədάmətər/ 图 歩数計

＊ped ｛足｝ + meter ｛計測｝ →足を使って計る

The easiest way to measure distance is to get hold of a pedometer.
距離を測る一番簡単な方法は歩数計をつけることだ

☐ **expedient** /ikspíːdiənt/ 圏 好都合の、得策の

＊ex ｛外に｝ + ped ｛足｝ + ent ｛形容詞に｝ →足かせを外す

It's expedient that you change the plan.
計画を変更するのが得策だ

☐ **pedigree** /pédəgrìː/ 图 系図、家系、血統書

＊ped ｛足｝ + gree ｛鶴｝ →鶴の足に似ていることから

His pedigree is to be traced to Oda Nobunaga.
彼の系図を調べてみると先祖は織田信長だ

☐ **impede** /impíːd/ 動 妨げる

＊im ｛中に｝ + pede ｛足｝ →中に足を入れる

→图 **impediment** 障害、妨害

Racism impedes social progress.
人種差別は社会進歩の妨げとなる

He has a speech impediment, and so he cannot speak well.
彼には言語障害がありうまく話せない

22 [point, punct]

●点、指す、刺す

WORD ROOTS
ピンが刺さってパンク (puncture) する。acupuncture [針治療] は acu [針] + puncture [さすこと] から。

□ **point** /póint/ 图点、意味、目的、先端 動指す

There's no point in giving her advice.
彼女にアドバイスしても意味がない

I'd like to point out five things.
5つのことを指摘したいと思います

I was on the point of going out when he called.
彼が電話した時、ちょうど出かけるところだった

□ **appoint** /əpóint/ 動指名する、任命する

* ap {～の方へ} + point {指す} →～を指す
→ 関連 图 **appointee** 任命された人

I was appointed to direct the operation.
私はその作業の指揮をするように指名された

□ **appointment** /əpóintmənt/ 图約束、予約、任命

* ap {～の方へ} + point {指す} + ment {名詞に} →～を指すこと

I have an appointment to see the doctor this afternoon.
今日の午後に医者に診てもらう予約がある

☐ **disappoint** /dìsəpɔ́int/ 動 失望させる

* dis ｛でない｝＋ ap ｛〜の方へ｝＋ point ｛指す｝→〜を指さないでがっかりさせる

→名 **disappointment**　失望
→形 **disappointing**　がっかりさせる、期待外れの

I'm disappointed with you.
君にはがっかりだ

The movie was a disappointment.
その映画にはがっかりした

☐ **punctual** /pʌ́ŋktʃuəl/ 形 時間に正確な、几帳面な

* punct ｛点｝＋ ual ｛形容詞に｝→点の

→名 **punctuality**　時間厳守

You should be more punctual.
君はもっと時間を守るべきだ

Punctuality is the soul of business.
時間厳守はビジネスの要

☐ **puncture** /pʌ́ŋktʃuər/ 名 パンク　動 パンクさせる

* punct ｛刺す｝＋ ure ｛名詞に｝→刺すこと

My car had a puncture on the way.
途中で車がパンクした

☐ **pungent** /pʌ́ndʒənt/ 形 強く刺激する、辛辣な

* pung ｛刺す｝＋ ent ｛形容詞に｝→鼻を刺すような

Durian fruit is well-known for its pungent smell.
ドリアンは鼻を刺すような臭いで有名だ

23 [port]

●港、運ぶ

WORD ROOTS
ポーター（porter）はホテルで荷物を運ぶ人。パスポート（passport）は港を通過する時に必要なもの。空港（airport）は文字通り、空の港から。「携帯可能な」意味のポータブル（portable）。

□ **transport** /trænspɔ́:rt/ 動 輸送する 名 輸送、輸送機関、交通（手段）

＊ trans｛越えて｝＋ port｛運ぶ｝→別の所へ運ぶ

→名 **transportation** 輸送、運送

Transport there is very convenient.
そこは交通の便がいい

The seeds are transported by the wind.
種は風で運ばれる

Transportation expenses will be paid.
交通費は出ます

□ **report** /ripɔ́:rt/ 動 報告する 名 報告

＊ re｛元へ｝＋ port｛運ぶ｝→元へ運ぶ

He reported the accident to the police.
彼は警察に事故を報告した

News reports suggest that over 300 people may have died.
ニュース報道によれば、300人以上が亡くなったかもしれないという

□ **support** /səpɔ́:rt/ 動 支える、扶養する 名 支持、扶養

＊sup ｛下で｝＋ port ｛運ぶ｝ →下で支える

He has a wife and two children to support.
彼には養うべき妻と2人の子供がいる

I'd like to thank you all for your support in the upcoming election.
今度の選挙でのみなさんの支援に対し感謝します

□ **export** /ikspɔ́:rt/ 動 輸出する 名 /ékspɔ:rt/ 輸出品

＊ex ｛外に｝＋ port ｛運ぶ｝ →港の外に運ぶ

An international agreement restricts the export of missiles.
国際協定でミサイルの輸出は制限されている

We export less than we import and have a negative trade balance.
私たちの輸出が輸入より少ないため、貿易収支でマイナスになっている

□ **import** /impɔ́:rt/ 動 輸入する 名 /ímpɔ:rt/ 輸入品

＊im ｛中に｝＋ port ｛運ぶ｝ →港の中に運ぶ

Most of the wines served in this restaurant are imported from France.
このレストランで出されるワインのほとんどがフランスから輸入されている

How much will the import duty be for these goods?
この製品の輸入税はいくらですか

□ **deport** /dipɔ́:rt/ 動 国外に追放する

＊de ｛離れて｝＋ port ｛運ぶ｝ →別の国へ運ぶ

→名 **deportation** 国外追放

He was deported from Ecuador when his visa expired.
彼はビザが切れたのでエクアドルから追放された

24

[reg, roy]

● 王

WORD ROOTS
王族・皇室はロイヤルファミリー（royal family）。
「戦後レジームの脱却」のレジーム（regime）とは
「政治制度」とか「政権」のこと。

☐ **royalty** /rɔ́iəlti/ 图 王族、印税

＊ roy ｛王｝＋ al ｛形容詞に｝＋ ty ｛名詞に｝ →王であること
→形 **royal** 王室の、皇室の

His royalties for the book will go to charity.
彼の本の印税は慈善団体に寄付される

There is no royal road to learning.
学問に王道なし

☐ **reign** /réin/ 動 統治する 图 統治

George VI reigned from 1936 to 1952.
ジョージ6世は1936年から1952年まで統治した

This church dates back as far as the reign of Elizabeth I.
この教会の起源は古くエリザベス一世の統治時代にさかのぼる

☐ **regal** /ríːɡəl/ 形 王の、堂々とした

＊ reg ｛王｝＋ al ｛形容詞に｝｝ →王の

He tried to behave in a regal way.
彼は堂々と振る舞おうとした

☐ **regular** /régjulər/ 圏 定期的な、規則的な

＊「王が決めた」の意味から
→反 **irregular** 圏 不定期の、不規則な

Do you do any regular exercise?
定期的な運動をしていますか

He's receiving treatment for an irregular heartbeat.
彼は不整脈の治療を受けている

☐ **regulate** /régjulèit/ 動 規制する、統制する

＊ regular ｛規則的な｝＋ ate ｛動詞に｝→規則にする
→名 **regulation** 規制、規則

Sweating helps regulate body temperature.
発汗は体温調整の一助となる

All companies must comply with the regulations.
全ての企業はその規制に従わなければならない

☐ **region** /ríːdʒən/ 名 地域

＊ reg ｛王｝＋ ion ｛名詞に｝→王が統治する場所

Alzheimer's disease affects the regions of the brain that control memory.
アルツハイマー病は記憶をつかさどる脳の部分に影響を与える

☐ **regime** /rəʒíːm/ 名 体制、政権

＊ラテン語の「支配」という意味の regimen から

His regime is bound to collapse.
彼の政権は必ず崩壊するだろう

25

[sign]
● 印、印す

WORD ROOTS
Vサインは勝利 (victory) の印。

□ **sign** /sáin/ 图合図、身振り、兆候、形跡　動合図する、署名する

I made a sign that she should approach.
私は彼女に近くに来るようにと身ぶりで示した

There're no signs of human habitation.
人間の住んでいる形跡がない

Will you sign here?
ここに署名してくれますか

□ **assign** /əsáin/ 動割り当てる、選定する

＊ as ｛〜の方へ｝ + sign ｛印す｝ →印を付ける
　→图 **assignment**　課題、割り当て

The teacher assigned a different task to each of the children.
先生は子供たちそれぞれに違う課題を割り当てた

Half the workers were given different assignments.
労働者の半数は異なった課題を与えられた

□ **resign** /rizáin/ 動辞任する、辞職する、放棄する

* re ｛後ろに｝ ＋ sign ｛印す｝ →後ろに印す
  →名 **resignation** 辞任、辞職

The Cabinet has resigned.
内閣が辞職した

The employee may give his/her notice of resignation at any time.
従業員はいつでも退職届を提出することができる

□ **design** /dizáin/ 動設計する、デザインする、企てる 名デザイン、設計

* de ｛下に｝ ＋ sign ｛印す｝ →下に印を付ける→下地を描く

I designed a new logo for the company.
私が会社の新しいロゴを考案した

□ **designate** /dézignèit/ 動示す、指名する

* de ｛下に｝ ＋ sign ｛印｝ ＋ ate ｛動詞に｝
  →名 **designation** 指示、指定

The President has designated him as the next secretary of state.
大統領は彼を次期国務長官に指名した

□ **consign** /kənsáin/ 動引き渡す、発送する

* co ｛共に｝ ＋ sign ｛印す｝
  →名 **consignment** （商品の）委託（販売）

Will you consign the goods to him by express?
品物を彼のもとに速達便で送ってくれますか

26 [sign]
●印、印す

WORD ROOTS
日本語の「サイン」は正しくは autograph で、「署名」なら signature。

□ **signify** /sígnəfài/ 動 表す、示す

* sign {印} + ify {動詞に} →印をつける

His look signifies his contentment.
　彼の顔つきは満足していることを表している

What does this sign signify?
　このしるしは何を表していますか

□ **significant** /signífikənt/ 形 重要な、意味深い、かなりの

* sign {印} + ify {動詞に} + cant {形容詞に} →印をつけるべき
→名 **significance** 意味、意義

A wedding is a significant ceremony.
　結婚式は意義深い儀式だ

I'm sorry for the significant delay in my reply.
　返事が大変遅れて申し訳ありません

The new drug has great significance for the treatment of the disease.
　新薬はその病気の治療に大きな意味を持つ

□ **signature** /sígnətʃər/ 图 署名

＊ sign ｛印｝＋ ture ｛名詞に｝→印すこと

This signature is genuine.
この署名は本物だ

□ **signal** /sígnəl/ 图 信号、合図

The traffic signal is green.
信号は青だ

□ **signboard** /sáinbɔːrd/ 图 看板、掲示板

＊ sign ｛印｝＋ board ｛板｝→印を書いた板

The signboard was blown over by a gust of wind.
突風で看板が吹きとばされた

□ **signatory** /sígnətɔ̀ːri/ 图 加盟国、署名印

＊ signare ｛印す｝の過去分詞から

All the signatory countries participated in the conference.
全加盟国がその会議に参加した

□ **ensign** /énsain/ 图 旗、国旗、軍旗

＊ en ｛中に｝＋ sign ｛印す｝→布の中に印すもの

The ship's ensign was flying at the mast.
艦旗がマストにひるがえっていた

第2章 漢字1文字で連想する英単語

85

27 [stella, sider]

● 星

WORD ROOTS
星のような目の少女のステラ（stellar）。

□ **desire** /dizáiər/ 動 欲求する、願う、望む 名 欲求、願望

* de ｛離れて｝ ＋ sire ｛星｝ →自分の星から離れて現れるのを待つ
→形 **desirable** 形 望ましい、魅力的な

He has a burning desire to win Wimbledon.
彼はウィンブルドンでどうしても勝つという欲望がある

He desires to change the world.
彼は世界を変えたいと願っている

His house is located in a desirable neighborhood.
彼の家は望ましい地区にある

□ **stellar** /stélər/ 形 星の（ような）、星形の、傑出した

* stella ｛星｝ ＋ ar ｛形容詞に｝ →星の

The company boasts stellar sales and service operations worldwide.
その会社は全世界で傑出した販売・サービス組織を誇っている

☐ **constellation** /kὰnstəléiʃən/ 图 星座、群れ

＊con ｛完全に｝ ＋ stella ｛星｝ ＋ tion ｛名詞に｝ →よく星を調べること

The Little Bear constellation is still used by navigators at sea.
こぐま座は航海中の航海士によって未だに使われている

☐ **consider** /kənsídər/ 動 よく考える、熟考する、みなす

＊con ｛完全に｝ ＋ sider ｛星｝ →よく星を調べる

→图 **consideration** 考慮、思いやり

Please consider my proposal.
私の提案を検討してみてください

I think you should consider seeking professional advice.
専門家のアドバイスを求めることを考えた方がいいと思います

He never takes into consideration that I am busy.
私が忙しいことなど彼は決して考慮にいれてくれない

☐ **considerate** /kənsídərət/ 形 思いやりのある、気を遣う

＊con ｛完全に｝ ＋ sider ｛星｝ →よく星を調べる

You don't have to be so considerate to me.
私にあまり気を遣わないでください

☐ **considerable** /kənsídərəbl/ 形 かなりの、相当の

＊con ｛完全に｝ ＋ sider ｛星｝ ＋ able ｛できる｝ →完全に星を調べることができる

He has a considerable income.
彼は相当な収入がある

28 [tempo]

● 時

WORD ROOTS
派遣社員はテンプスタッフ（temp staff）。

□ contemporary /kəntémpərèri/ 形 同時代の、現代の

名 同時代人

* com｛共に｝＋ tempo｛時間｝＋ rary｛形容詞に｝→時間を共にした

Byron was contemporary with Wordsworth.
（＝ Byron was a contemporary of Wordsworth.）
バイロンはワーズワースと同時代の人だった

Many examples are quoted from contemporary writers.
現代作家からの用例がたくさんあがっている

□ temporal /témpərəl/ 形 現世の、時間的な

* tempo｛時間｝＋ ral｛形容詞に｝→時間の

Music is a temporal art.
音楽は時間的な芸術だ

□ temporary /témpərèri/ 形 一時の、はかない

* tempo｛時間｝＋ rary｛形容詞に｝

More than half the staff are temporary.
スタッフの半数以上は派遣だ

☐ **temp** /témp/ 图 派遣社員、臨時社員

＊ temporary の短縮形

She is a temp.
　彼女は派遣社員です

The temp industry still has a lot of potential.
　派遣業界は、まだまだ多くの可能性を秘めている

☐ **extemporize** /ikstémpəraiz/ 動 即座に作る

＊ ex ｛超えて｝＋ tempo ｛時間｝＋ ize ｛動詞に｝ →時間を超える

He extemporized a speech at the wedding.
　彼は結婚式のスピーチを即興でやった

☐ **extempore** /ikstémpəri/ 形 即興の、即座の　副 即興で

＊ ex ｛超えて｝＋ tempo ｛時間｝ →時間を超えた

I made an extempore speech at the party.
　私はパーティで即興のスピーチをした

☐ **contemporaneous** /kəntèmpəréiniəs/ 形 同時代の、同時に起こる

＊ com ｛共に｝＋ tempo ｛時間｝＋ uous ｛形容詞に｝ →同じ時間の

The discovery of America and the fall of Granada were contemporaneous.
　アメリカの発見とグラナダの崩壊は同時代だった

29 [via, vey]

●道

WORD ROOTS
トリビア（trivia）は三叉路の意味で、たくさんの人が集まることから「ありふれた」の意味に。via は前置詞として「〜経由で」の意味に。The road leads to Mishima via Hakone.「その道路は箱根経由で三島に通じる」。

□ **deviate** /díːvièit/ 動 逸れる、外れる、逸脱する

＊ de ｛離れて｝＋ via ｛道｝＋ ate ｛動詞に｝ →道から離れる
→名 **deviation** 逸脱、脱線

Let's not deviate from the subject.
本題から逸れないようにしましょう

Any deviation from such standards shall be cause for immediate termination of this Agreement.
そのような基準からの逸脱は、本契約を直ちに終了させる理由として成立する

□ **obvious** /ábviəs/ 形 明白な

＊ ob ｛〜の対して｝＋ vi ｛道｝＋ ous ｛形容詞に｝ →道にある対象物から

It's obvious that he is in the right.
彼が正しいのは明白だ

□ **previous** /príːviəs/ 形 前の、以前の

＊ pre ｛前に｝＋ vi ｛道｝＋ ous ｛形容詞に｝ →前に通ったことのある

I have a previous appointment.
先約があります

□ **convey** /kənvéi/ 動 運ぶ、伝える

＊ con ｛共に｝ ＋ vey ｛道｝ →道を共にする

→名 **conveyance** 運搬、輸送、権利委譲

I will convey this information to her.
この情報を彼女に知らせます

□ **envoy** /énvɔi/ 名 公使、特使、使節

＊ en ｛中に｝ ＋ voy ｛道｝ →道に送る人

They dispatched a special envoy to the United States to talk over the trade issue.
彼らは貿易問題について話し合うために特別使節をアメリカに派遣した

□ **invoice** /ínvɔis/ 名 送り状

＊ envoy から

We have sent the invoice as an attachment.
送り状を添付ファイルで送りました

□ **trivial** /tríviəl/ 形 取るに足らない、つまらない

＊ tri ｛3つ｝ ＋ via ｛道｝ ＋ al ｛形容詞に｝ →三叉路にはたくさんの人が集まることから

→名 **trivia** 些細なこと、つまらないこと、雑情報

That is a trivial problem.
それは取るに足らない問題です

News programs tend to focus on trivia at the expense of serious issues.
ニュース番組は深刻な問題を犠牲にしてつまらないことに焦点を当てる傾向がある

30

[voc, voke]
● 声、言う

WORD ROOTS
ボーカル（vocal）は音声パート。

☐ **vocation** /voukéiʃən/ 图 職業、天職、才能

＊ voca ｛声｝ ＋ tion ｛名詞に｝ →神の声
→形 **vocational** 職業の

He lacks any sense of vocation.
彼には使命感がない

He graduated from a vocational school.
彼は専門学校を卒業した

☐ **vocal** /vóukəl/ 形 声の、はっきりものを言う 图 ボーカル

＊ voc ｛声｝ ＋ al ｛形容詞に｝ →声の

He was vocal in his opposition to the plan.
彼はその計画に反対するとはっきり言った

She decided to perform the vocal in that band.
彼女はそのバンドのボーカルになることに決めた

☐ **revoke** /rivóuk/ 動 無効にする、取り消す

＊ re ｛後ろに｝ ＋ voke ｛声｝ →後ろに行けと言う
→名 **revocation** 廃止、取り消し

He had his driving license revoked.
彼は運転免許証を取りあげられた

☐ **advocate** /ǽdvəkèit/ 動 唱える、擁護する 图 ǽdvəkət **主唱者**

＊ad ｛〜の方へ｝＋ cate ｛声｝ →〜の方へ声を上げる

They advocate reducing the military budget.
彼らは軍事費の削減を唱えている

He is known as an advocate of disarmament.
彼は軍縮唱道者として知られている

☐ **equivocal** /ikwívəkəl/ 形 曖昧な

＊equi ｛等しい｝＋ vocal ｛声の｝ →同じような声の

His answer was a bit equivocal.
彼の返事はちょっと紛らわしかった

☐ **invoke** /invóuk/ 動 嘆願する、呼びかける

＊in ｛中に｝＋ voke ｛声｝ →呼びかける

→图 **invocation** 嘆願

Human error invoked the disaster.
人間の過失がその惨事を引き起こした

第3章

形容詞的な意味を持つ語根で連想する英単語

[ali]
●別の

WORD ROOTS
別の惑星から来たエイリアン（alien）。

☐ **alien** /éiljən/ 圏外国の、異質の、なじみのない 图外国人、宇宙人

＊ ali ｛別の｝＋ en ｛名詞に｝→別の国からやって来た人

The Japanese etiquette regarding business cards was completely alien to him.
日本人の、名刺に関する礼儀作法は、彼にとって全くなじみのないものだった

I am an alien in the United States.
私はアメリカでは外国人だ

☐ **alienable** /éiljənəbl/ 圏譲渡できる

＊ alien ｛別の｝＋ able ｛できる｝→別の人にできる

The copyright is not alienable and can't be transferred.
著作権は譲渡不可で移転不能である

☐ **alter** /ɔ́ːltər/ 働変える

＊ other と同じ語源から→別のものにする
　→图 **alteration**　変更、修正、手直し

We're going to alter the plans.
私たちはその計画を変更するつもりだ

Those plans need alteration.
その計画は変更が必要だ

☐ **alternative** /ɔːltə́ːrnətiv/ 形 代わりの　名 代替手段、選択肢

＊alter ｛別の｝ ＋ tive ｛形容詞に｝

They consider windmill power to be an alternative power supply.
彼らは風力電力を代替電力供給として考えている

We had no alternative but to do it.
そうする以外の選択肢はなかった→そうするしかなかった

☐ **alternate** /ɔ́ltə(r)nèit/ 動 交替にする　形 ɔ́ltərnət 交替の、交互の

＊alter ｛別の｝ ＋ ate ｛動詞・形容詞に｝ →別にする

Please write on alternate lines.
一行おきに書いてください

They alternate in setting the table.
彼らは交替で食卓の用意をする

☐ **alias** /éiliəs/ 名 別名　副 別名は

＊else（他に）と同じ語源から

He ran a business using many aliases.
彼はたくさんの別名を使って商売をしていた

☐ **altercation** /ɔːltərkéiʃən/ 名 口論、激論

＊alter ｛別の｝ ＋ tion ｛名詞に｝ →互いに言葉を交わすこと

I had an altercation with her.
私は彼女と口論した

2 [apt, ept]

●適した

WORD ROOTS
適した環境に変えるアダプター (adapter)、ad {～の方へ} + apt {適した} + er {もの} は [(ad) =～の方へ+ (apt) =適した+ (er) =もの] から。

□ **adapt** /ədǽpt/ 動順応する、適応させる、作りかえる

* ad {～の方へ} + apt {適した} →適した方へ
  →動 **adaptation** 適応、順応、脚色
  →形 **adaptable** 順応できる、改作できる
  →名 **adaptability** 順応性

Children adapt quickly to a new environment.
子供は直ぐに新しい環境に順応する

These recipes can be easily adapted to suit vegetarians.
これらのレシピはベジタリアンに合わせて簡単に作りかえられる

This film is an adaptation of a novel.
この映画は小説をもとにしている

The Japanese are an adaptable people.
日本人は順応性のある国民だ

He is lacking in adaptability.
彼は順応性に欠ける

□ apt /ǽpt/ 形 適切な、〜しやすい、〜しがちな

He's apt to forget people's names.
彼は人の名前をよく忘れる

□ adept /ədépt/ 形 熟達した

＊ad ｛〜の方へ｝＋ept ｛適した｝

She is adept in swimming.
彼女は水泳の達人だ

□ inept /inépt/ 形 不適切な、的外れな

＊in ｛〜でない｝＋ept ｛適した｝ →適していな
→ 名 **ineptitude** 不適当、場違いのユーモア

I am tired of your inept comments.
あなたの的外れなコメントにはうんざり

□ aptitude /ǽptətjùːd/ 名 才能、能力、素質

＊apt ｛適した｝＋etude ｛名詞に｝ →適した状態

Clear speech is an essential aptitude in business.
ハッキリとした話術はビジネスでは極めて重要な能力だ

□ attitude /ǽtitjùːd/ 名 態度、姿勢

＊aptitude と同じ語源から

Attitude is important when learning a foreign language.
外国語の勉強には心構えが重要だ

第3章 形容詞的な意味を持つ語根で連想する英単語

③ [auto]

● 自らの

WORD ROOTS
自動的に動くオートメーション（automation）。

☐ **autocrat** /ɔ́:təkræt/ 图 独裁者、ワンマン

＊ auto ｛自らの｝ ＋ crat ｛支配者｝ →一人で支配する人
→ 形 **autocratic**　独裁的な
→ 图 **autocracy**　独裁政治、独裁国

He is the autocrat of the school.
　彼は学校の全権を握っている

Some countries still have autocratic governments.
　いまだに独裁政権の国がある

From the outset of his reign, he stressed the reality of his autocracy.
　自身による統治が始まってから彼は独裁政権の実態を強調した

☐ **automatic** /ɔ̀:təmǽtik/ 形 自動の

＊ auto ｛自らの｝ ＋ matic ｛animated＝息を吹き込む｝

This plane is on automatic pilot.
　この飛行機は自動操縦で飛行中だ

□ **automat** /ɔ́:təmæt/ 图 自販機

＊ automatic から

This automat is out of order.
この自販機は故障中だ

□ **automated** /ɔ́:təmeitid/ 圏 自動化された

＊ automate ｛自動化する｝ ＋ ed ｛～された｝

The production process is fully automated.
製造過程は完全オートメーション化されている

□ **autograph** /ɔ́:təgræf/ 图 サイン、自署

＊ auto ｛自らの｝ ＋ graph ｛書く｝ →自分で書く

Can I have your autograph?
サインをもらえますか

□ **autonomy** /ɔ:tánəmi/ 图 自治

＊ auto ｛自らの｝ ＋ nomy ｛法則｝ →自分で法則を作ること
　→圏 **autonomous**　自治の、独立した

He is seeking increased autonomy for Tibet.
彼はチベットの自治拡大を求めている

Galicia is an autonomous region of Spain.
ガリシアはスペインの自治区だ

4 [firm]

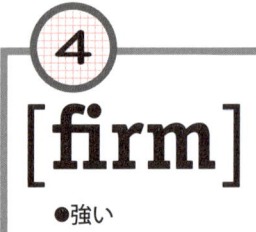

●強い

WORD ROOTS
農場（farm）は「借りた土地」の意味で、署名によって契約を強固にしたことから。

□ **confirm** /kənfə́ːrm/ 動 確認する、固める

＊ con ｛完全に｝ ＋ firm ｛かたい｝
→名 **confirmation** 確認、立証

Please confirm the enclosed items.
同封物をご確認ください

Confirmation will take place at the time of receipt of full payment for the tickets.
航空代金の全額支払いを受理すると同時に予約が確定いたします

□ **firm** /fə́ːrm/ 形 かたい、変わらない 名 会社、事務所

She works for a law firm in London.
彼女はロンドンの法律事務所に勤めている

These peaches are still firm.
この桃はまだ固い

□ **infirm** /infə́ːrm/ 形 弱い、虚弱な、もろい

＊ in ｛〜でない｝ ＋ firm ｛かたい｝ →かたくない

After the earthquake, the bridge was infirm and unsafe.
地震後、その橋はもろく危険だった

☐ **affirmative** /əfə́ːrmətiv/ 形 肯定的な、断定的な　名 肯定的な答え

＊ a(f) ｛〜の方へ｝ ＋ firm ｛かたい｝ ＋ tive ｛形容詞に｝ →かたい方へ

→ 関連 形 **negative**　否定的な、消極的な、陰性の、マイナスの

My attitude toward the right of abortion is strongly affirmative.
私の妊娠中絶権に対する考えはすごく肯定的である

Debate is an academic game between the affirmative and the negative.
ディベートとは肯定側と否定側で交わされる知的ゲームである

All the athletes' drugs tests were negative.
アスリートたちの薬物テストはすべて陰性だった

☐ **reconfirm** /rìːkənfə́ːrm/ 動 再確認する

＊ re ｛再び｝ ＋ confirm ｛確認する｝

→ 名 **reconfirmation**　再確認

I'd like to reconfirm my reservation.
予約を再確認したいのですが

We'll take care of reconfirmation of your reservation.
あなたの予約の再確認はこちらで行ないます

☐ **infirmary** /infə́ːrməri/ 名 保健室、医務室、診療所

＊ infirm ｛弱い｝ ＋ ary ｛場所｝ →病気の人がいる所

I think you should go to the infirmary.
保健室に行った方がいいと思いますよ

5 [just, jur]

●正しい、誓う

WORD ROOTS
正しい判断を下すジャッジ（judge）。

□ **just** /dʒʌ́st/ 形 正しい、正当な 副 まさに、ちょうど、今にも、ただ〜だけ

He believed that he was fighting a just war.
彼は聖戦を戦っていると信じていた

This is just between you and me.
これはここだけの話しです

Wait a minute, I'm just coming.
ちょっと待って、すぐに行くから

□ **unjust** /ʌndʒʌ́st/ 形 不当な、不正な

＊ un｛〜でない｝＋ just｛正しい｝→正しくない

I cannot comply with such unjust demands.
そんな不当な要求には応じかねる

□ **justice** /dʒʌ́stis/ 名 正義、公平

＊ just｛正しい｝＋ ice｛名詞に｝→正しいこと

I hope justice will prevail in the end.
最終的には正義が勝利してほしいと思います

☐ **injustice** /indʒʌ́stis/ 图 不正、不公平

＊in｛〜でない｝＋ justice｛公平｝→公平でない

Unfortunately, injustice can be seen all over the world.
残念ながら、不正は世界中で見られる

☐ **judge** /dʒʌ́dʒ/ 動 判断する、裁判を下す 图 裁判官、審判

→图 **judgment** 判断、判決

The defendant was judged guilty.
被告は有罪の判決を受けた

The judge sentenced him to five years in prison.
裁判官は彼に5年の懲役の判決を下した

I've known him for years and I trust his judgment.
彼を何年も前から知っているので彼の判断を信じます

☐ **justify** /dʒʌ́stəfài/ 動 正当化する

＊just｛正しい｝＋ ify｛動詞に｝→正しいものにする
→图 **justification** 正当化

The end does not always justify the means.
目的は必ずしも手段を正当化しない

There is no justification for accusing her.
彼女を非難する正当な理由は何もない

6 [just, jur]

● 正しい、誓う

WORD ROOTS
柔道のジュリー（jury）の判定。

□ **adjust** /ədʒʌ́st/ 動 調整する

＊ ad ｛～の方へ｝ ＋ just ｛正しい｝ →正す
→名 **adjustment** 調整

I can adjust my schedule to fit your request.
あなたのご希望にスケジュールを合わせます

This machine is easy to adjust.
この機械は調整しやすい

□ **jury** /dʒúəri/ 名 陪審（員団）

＊ jur ｛正しい｝ ＋ ry ｛総称｝ →正しい人の集まり

The jury was made up of seven women and five men.
陪審員団は7名の女性と5名の男性の構成だった

□ **jurist** /dʒúərist/ 名 法学者、法律専門家

＊ jur ｛正しい｝ ＋ ist ｛人｝

He is known as a learned jurist.
彼は学識のある法学者として知られている

□ **jurisdiction** /dʒùərisdíkʃən/ 图 **司法権、管轄権**

＊jurist ｛法学者｝＋ dict ｛言う｝＋ ion ｛名詞に｝→法律を述べること

That is not under my jurisdiction.
それは私の管轄ではない

□ **injure** /índʒər/ 動 **怪我をさせる**

＊in ｛〜でない｝＋ jure ｛正しい｝→正しくない状態にする
→图 **injury** 怪我、傷害、違法行為

The bomb killed eleven people and injured 55.
その爆弾で11名が死亡し、55名が負傷した

Ten passengers were lucky to escape injury when their train was derailed last night.
昨夜の列車の脱線で、10名の乗客は運良く怪我をせずにすんだ

□ **conjure** /kándʒər/ 動 **呪文を唱える、魔法を使って取り出す**

＊con ｛共に｝＋ jure ｛誓う｝

The magician conjured a pigeon out of the top hat.
奇術師はシルクハットから手品で鳩を取り出した

□ **perjure** /pə́:rdʒər/ 動 **偽証する**

＊per ｛通して｝＋ jure ｛誓う｝
→图 **perjury** 偽証（罪）

I would never perjure myself.
私は決して偽証はしません

He was found guilty of perjury.
彼は偽証罪で有罪になった

7

[long, leng]

● 長い

WORD ROOTS
ワンレン (one length) は「1つの長さ」つまり、髪の毛がどこも同じ長さ。

□ **long** /lɔ́:ŋ/ 形 長い 動 思い焦がれる、あこがれる

→名 **longing** あこがれ、願い

Spring is long in coming this year.
今年はなかなか春が来ない

I long for her to come back.
彼女が帰ってくるのを待ちこがれている

Her longing to see her native country became stronger.
故国を見たいという彼女の願いはますます強まった

□ **alongside** /əlɔ́:ŋsaid/ 前 ～と並んで 副 並んで、一緒に、そばに

＊ along ｛沿って｝ ＋ side ｛側｝

I am looking forward to working alongside you in the upcoming year.
次の一年もあなたと一緒に働けることを楽しみにしています

□ **elongate** /ilɔ́:ŋgeit/ 動 引き延ばす、延長する

＊e ｛外に｝＋ long ｛長い｝＋ ate ｛動詞に｝

Wearing high-heeled shoes elongates the leg.
ハイヒールを履くと脚が長くなる

□ **length** /léŋkθ/ 名 長さ、全期間

＊leng ｛長い｝＋ th ｛名詞に｝
→動 **lengthen** 動 長くなる

This river is 100 kilometers in length.
この川の長さは100㎞です

Your pension will depend on your length of employment.
年金は雇用期間による

In spring, the days lengthen.
春には日が長くなる

□ **longitude** /lándʒətjùːd/ 名 経度

＊long ｛長い｝＋ itude ｛名詞に｝

This line is representative of longitude.
この線は経度を表している

□ **longevity** /lɑndʒévəti/ 名 寿命、長生き、継続期間

＊long ｛長い｝＋ evi ｛年｝＋ ty ｛名詞に｝

There is a limit on human longevity.
人間の寿命には限りがある

There are many employees with longevity in my company.
私の会社には長く勤めている従業員が多くいる

□ **prolong** /prəlɔ́:ŋ/ 動 長くさせる

＊pro ｛前に｝＋ long ｛長い｝

He asked her another question just to prolong the conversation.
彼はただ会話を長引かせるために彼女に別の質問をした

第3章 形容詞的な意味を持つ語根で連想する英単語

8 [mag(n), max, mast]

● 大きい

WORD ROOTS
地震の大きさを測る単位はマグニチュード（magnitude）。最大限のマックスは maximum。

□ **master** /mǽstər/ 图 主人、君主、巨匠　動 マスターする、打ち勝つ

＊ mast {大きな} ＋ er {人}
→ 関連 **masterpiece** 图 傑作

Jack of all trades and master of none.
多芸は無芸

He mastered Japanese in a year.
彼は1年で日本語をマスターした

This painting is a real masterpiece.
この絵画は真の傑作だ

□ **magnate** /mǽgneit/ 图 有力者、大物、…王

＊ magn {大きい} ＋ ate {名詞に}

He is famous as an oil magnate.
彼は石油王として有名だ

☐ **magnify** /mǽgnəfài/ 動 拡大する、誇張する

＊ magn｛大きい｝＋ ify｛動詞に｝ →大きくする

→名 **magnification** 拡大、倍率

Our lack of information magnified our mistakes.
情報不足により私たちのミスは拡大した

☐ **magnificent** /mægnífəsnt/ 形 素晴らしい、壮大な

＊ magn｛大きな｝＋ fic｛行なう、作る｝＋ ent｛形容詞に｝

→名 **magnificence** 壮大、雄大、りっぱさ

She has a magnificent career.
彼女は素晴らしい経歴の持ち主だ

☐ **magnitude** /mǽgnətjùːd/ 名 マグニチュード、大きさ、巨大さ

＊ magn｛大きな｝＋ tude｛名詞に｝ →大きさ

The earthquake had the magnitude of 8.2.
その地震はマグニチュード 8.2 だった

☐ **mastery** /mǽstəri/ 名 勝利、征服、熟達

＊ master｛大きい｝＋ ry｛名詞に｝ →偉大なこと

Mastery of the language was his top priority.
彼は言葉を覚えるのが先決だと考えた

☐ **maximum** /mǽksəməm/ 形 最大の、最高の 名 最大限、最高点

＊ max｛大きい｝＋ mum｛最上級｝ →最高に大きい

You can spend a maximum of 1,000 dollars.
最高千ドルまで遣ってよい

⑨ [mid, med]

● 中間の

WORD ROOTS
東京の真ん中にあるミッドタウン。真夜中は midnight、中年は middle-age。

□ **medium** /míːdiəm/ 图 **手段、媒体、中間** 形 **中くらいの、ミディアムの**

　＊ med｛中間の｝＋ um｛名詞に｝
　　→图 **media**　メディア、媒体

What size shirt does he wear — medium or large?
　彼の着るシャツのサイズは何ですか、M ですか L ですか

Fry the onions over a medium heat until they are golden.
　黄金色になるまで中火でタマネギを炒めます

Advertising is a powerful medium.
　広告は強力な媒体だ

The role of the news media in forming public opinion is very important.
　世論の形成にはニュースメディアの役割はとても重要だ

□ **mean** /míːn/ 形 **平凡な、汚い**

　＊「中間の」から否定的な意味に

He is mean with money.
　彼はお金のことに汚い

It is mean of her not to give him a tip.
　彼にチップをあげないとは、彼女はけちだ

☐ **means** /míːnz/ 图 手段、資産

＊中に入って仲介するものから

I don't have the means to buy a house.
私には家を購入するだけの資産はない

I'll do it by all means.
あらゆる手段を使ってやります → 必ずやります

☐ **meanwhile** /míːnhwail/ 副 その間に（= in the meantime）

＊ mean ｛中間の｝＋ while ｛間｝

She'll soon be here. Meanwhile, let's have some coffee or something.
彼女はじきに来るから、その間コーヒーでも飲んでいよう

☐ **mediate** /míːdièit/ 動 仲介する、調停する

＊ med ｛中間の｝＋ ate ｛動詞に｝→ 中に入る

→图 **mediation** 調停、仲介

It is my responsibility to mediate between the parties.
双方の調停を図るのが私の役目です

Mediation will be required to resolve their differences.
彼らの意見の相違を解決するためには、調停が必要とされるだろう

☐ **mediocre** /mìːdióukər/ 形 平凡な、二流の

＊ med ｛中間の｝＋ ocre ｛ギザギザの山｝

It was a mediocre movie with a predictable ending.
それは、結末が予測できる二流映画だった

10 [mini]

● 小さい

WORD ROOTS
ミニチュア（miniature）は縮小版。店の全ての品を小さく書いたものがメニュー（menu）。

□ **minister** /mínəstər/ 图 大臣、牧師

* mini {小さい} ＋ ster {人} →国民に仕える人

The Russian foreign minister was also present at the meeting.
ロシアの外務大臣も会議に出席していた

□ **minor** /máinər/ 形 小さい方の、少数の　图 未成年、副専攻

* min {小さい} ＋ or {比較級} →小さい方の

She suffered some minor injuries in the accident.
彼女はその事故で軽傷を負った

Stores are forbidden to sell alcohol and cigarettes to minors.
未成年者にアルコールやタバコを売ることは禁止されている

He's taking history as his minor.
彼は副専攻として歴史を取っている

□ **diminish** /dimíniʃ/ 動 減る

* di {完全に} ＋ mini {小さい} ＋ ish {動詞に} →小さくなる

The exports increase, and the imports diminish.
輸出が増えて、輸入が減る

☐ **administer** /ædmínistər/ 動 管理する、治める、執行する

＊ad ｛〜の方へ｝＋ minister ｛大臣｝→大臣になる
→名 **administration** 管理、統治、政権
→形 **administrative** 管理の、行政上の

The courts administer the law.
裁判所が法律を執行する

The Secretary of State administers foreign affairs.
国務長官は外交上の政務を担当する

The country is under military administration.
その国は軍政下にある

☐ **minority** /mainɔ́:rəti/ 名 少数（派）

＊minor ｛少数の｝＋ ity ｛名詞に｝

Only a minority of people support these new laws.
少数の人たちしか、これらの新法を支持していない

☐ **minute** /main(j)ú:t/ 形 微小な、細心の　名 mínit 分

＊「小さくされた」の意味から

I recognized him the minute I saw him.
見たとたんにすぐ彼だとわかった

Don't worry about minute differences.
小さな違いにこだわるな

☐ **minimize** /mínəmàiz/ 動 最小にする

＊mini ｛小さい｝＋ ize ｛動詞に｝→小さくする

It is important to minimize losses due to processing.
加工のロスを最小限に抑えることが重要だ

第3章　形容詞的な意味を持つ語根で連想する英単語

[multi]
● たくさんの

WORD ROOTS
ねずみ算式に増えるマルチ商法。

□ **multiply** /mʌ́ltəplài/ 動 掛ける、増加する

* multi {たくさんの} + ply {重ねる}
  →図 **multiplication** 増加、増大

If you multiply ten by seven you get seventy.
10 掛ける 7 は 70

The drug slows the multiplication of cancer cells.
その薬はガン細胞の増殖を遅らせる

□ **multiple** /mʌ́ltəpl/ 形 多数の、複雑な

* multi {たくさんの} + ple {重ねる}

Multiple-choice exams are common in large classes.
○×式の試験は多人数のクラスではよく行なわれている

□ **multitude** /mʌ́ltətjùːd/ 名 大勢、多数

* multi {たくさんの} + tude {名詞に}

A great multitude gathered in the park.
大勢の人が公園に集まった

☐ **multinational** /mʌ̀ltinǽʃənəl/ 形 多国籍の

＊ multi ｛たくさんの｝ + national ｛国の｝

The multinational force carried out an air raid on enemy targets.
多国籍軍は敵の標的へ空爆を行なった

☐ **multilingual** /mʌ̀ltilíŋgwəl/ 形 多言語使用の

＊ multi ｛たくさんの｝ + lingual ｛言葉の｝

The hotel has multilingual staff.
そのホテルには多言語を話すスタッフがいる

☐ **multimedia** /mʌ̀ltimíːdiə/ 名 マルチメディア

＊ multi ｛たくさんの｝ + media ｛メディア｝

They are promoting many companies with multimedia advertising.
彼らは様々なメディアを用いた広告で、たくさんの会社の宣伝をしている

☐ **multicultural** /mʌ̀ltikʌ́ltʃərəl/ 形 多文化の

＊ multi ｛たくさんの｝ + cultural ｛文化の｝

Being multicultural has a lot of benefits.
多文化的であると、良い点がたくさんある

☐ **multipurpose** /mʌ̀ltipə́ːpəs/ 形 多目的の

＊ multi ｛たくさんの｝ + purpose ｛目的｝

He owns a multipurpose building in front of the station.
彼は駅前に多目的ビルを所有している

第3章 形容詞的な意味を持つ語根で連想する英単語

12

[nov, new]

● 新しい

WORD ROOTS
新星は NOVA。

☐ **renew** /rin(j)ú:/ 動 更新する

* re ｛再び｝ + new ｛新しい｝ → 再び新しくする
  → 名 **renewal** 更新

I'll have to renew my passport by the end of this month.
月末までにパスポートを更新しなければならない

The urban-renewal project is now well under way.
都市再開発計画は現在着実に進行している

☐ **novel** /nάvəl/ 形 新しい、奇抜な 名 小説

* nov ｛新しい｝ + el ｛形容詞に｝
  → 関連 名 **novelist** 小説家

His hobby is reading novels.
彼の趣味は小説を読むことだ

Her ideas are always novel.
彼女の考えはいつも斬新だ

She is famous as a novelist.
彼女は小説家として有名だ

☐ **novelty** /nάvəlti/ 图 珍しさ、斬新さ

＊ novel｛新しい｝＋ ty｛名詞に｝ →新しさ

Traveling by air has lost much of its novelty now.
今や空の旅は斬新さを失っている

☐ **innovate** /ínəvèit/ 動 革新する、刷新する、採り入れる

＊ in｛中に｝＋ nov｛新しい｝＋ ate｛動詞に｝ →新しくする
→图 **innovation** 革新、刷新

Companies have to innovate in order to remain competitive.
競争力を保つためには企業は革新しなければならない

This technology brought about product innovation for our company.
この技術は我が社に製品革新をもたらした

☐ **renovate** /rénəvèit/ 動 改修する、新しくする

＊ re｛再び｝＋ nov｛新しい｝＋ ate｛動詞に｝ →再び新しくする
→图 **renovation** リフォーム、改修

I want to renovate my house.
家をリフォームしたい

This museum is under renovation.
その博物館は改修中です

☐ **novice** /nάvis/ 图 初心者

＊ nov｛新しい｝＋ ice｛名詞に｝

It's a gardening program for novices.
それは初心者向けのガーデニング講座です

13

[plain, plan, plat]

● 平らな

WORD ROOTS
平らで飾り気のないプレーンオムレツ（plain omelet）。

☐ **plain** /pléin/ 形 明白な、率直な

Global warming is plain to see.
地球温暖化は明白である

To be plain with you, I don't mind whatever you say.
率直に言って、君が何と言おうとかまわない

☐ **plains** /pléinz/ 名 平野、平原

＊平らな土地から

Vast plains stretch across Siberia.
シベリアには広大な平原がある

☐ **explain** /ikspléin/ 動 説明する

＊ ex ｛外に｝ ＋ plain ｛明白な｝ →ハッキリ表す
→名 **explanation** 説明

I'm sorry I can't explain it well.
すみませんがうまく説明できません

His explanation is easy to understand.
彼の説明は理解しやすい

☐ **plan** /plǽn/ 图計画 動計画する

The Prime Minister has a plan to reduce taxes.
総理大臣は減税案を計画している

He's planning to publish a book next year.
彼は来年、本の出版を計画している

☐ **plate** /pléit/ 图皿、板

＊平たいものから

May I take your plate?
お皿をお下げしてもよろしいですか

☐ **plane** /pléin/ 图飛行機、板、平面、かんな

＊平たいものから

Fasten your seat belts when the plane takes off and lands.
飛行機が離着陸する時はシートベルトをお締めください

☐ **plateau** /plætóu/ 图台地、平原、停滞状態

＊平たい土地から

Divorce rates might reach a plateau soon.
離婚率はやがて頭打ちになるでしょう

☐ **platform** /plǽtfɔːrm/ 图プラットフォーム、演壇

＊ plat ｛平らな｝ ＋ form ｛形｝

The next train for Osaka leaves from platform five.
次の大阪行きの列車は5番線から出ます

☐ **plaice** /pléis/ 图カレイ、プレイス

＊平たい魚から

There were a lot of plaice in the net.
網にはたくさんのカレイがかかっていた

第3章 形容詞的な意味を持つ語根で連想する英単語

14 [pos, poten]
● できる

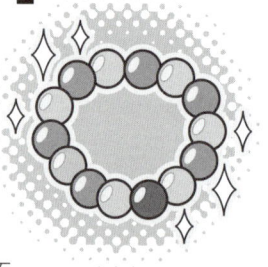

WORD ROOTS
パワーストーン（power stone）は特殊な力が宿った宝石。

□ **possible** /pάsəbl/ 形 **可能な、あり得る**

* pos ｛できる｝ + ble ｛形容詞に｝
  → 名 **possibility** 可能性
  → 関連 **impossible** 不可能な

Is it possible for her to get there in time?
彼女は間に合うようにそこへ行けるだろうか

There's a possibility that there is life on other planets.
他の惑星に生物が存在する可能性はある

It is impossible to trace the informant.
その情報提供者を捜し出すのは不可能である

□ **potent** /póutənt/ 形 **効能のある、性的能力がある**

* pot ｛できる｝ + ent ｛形容詞に｝
  → 反 **impotent** 無力な、性的能力のない

His influence is still potent.
彼の影響力はまだ衰えていない

He's impotent to help her.
彼には彼女を助ける能力がない

☐ **potential** /pəténʃəl/ 圏 可能性のある、潜在的な 图 可能性、潜在能力

* potent ｛能力のある｝＋ ial ｛形容詞に｝

He believes in his potential.
彼は自分の可能性を信じている

This powerful computer has the potential to sell.
この高性能のコンピュータは売れそうだ

☐ **possess** /pəzés/ 動 所有する、とりつく

* poss ｛できる｝＋ ess ｛存在する｝ →できる状態

→图 **possession** 所有

He possesses a lot of land that is still undeveloped.
彼はまだ未開発の土地をたくさん保有している

That apartment came into his possession.
そのアパートが彼の手に入った

☐ **dispossess** /dìspəzés/ 動 財産を奪う

* dis ｛～でない｝＋ possess ｛所有する｝ →所有させない

The tenant was dispossessed of his belongings for not paying his rent.
借家人は家賃不払いで財産を奪われた

☐ **power** /páuər/ 图 力、権力、能力

→圏 **powerful** 力のある

The Prime Minister has the power to appoint and dismiss cabinet ministers.
総理大臣は閣僚の任免権がある

He is the most powerful politician in the government.
彼は政府で一番力のある政治家だ

15 [prim, prin]

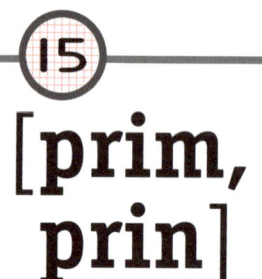

● 第一の

WORD ROOTS
バレエで主役を踊るのはプリマバレリーナ（prima ballerina）。

□ **principal** /prínsəpl/ 圏第一の、主要な 图校長、社長、元金

＊ prin ｛第一の｝ ＋ cip ｛つかむ｝ ＋ al ｛形容詞に｝

In the absence of the principal, the deputy principal assumes his duties.
校長が不在の時は教頭が職務を代行する

London is one of the principal cities in Europe.
ロンドンはヨーロッパの主要都市の１つだ

□ **prime** /práim/ 圏主要な、最も重要な 图全盛

He is the current Prime Minister of Japan.
彼は今の日本の総理大臣だ

The church was a prime example of Gothic architecture.
その教会はゴシック建築の主要な例だった

□ **primer** /prímər/ 图入門書、初歩読本

＊ prim ｛第一の｝ ＋ er ｛もの｝

Children learn to read from a primer.
子どもは初歩読本で読み方を覚える

□ **premier** /primíər/ 图首相、総理大臣 形第一位の、最高の

＊ prem｛第一の｝＋ er｛人｝

The premier and his cabinet colleagues resigned.
首相と閣僚が辞任した

□ **primary** /práiməri/ 形主な、最初の、初歩の

＊ prim｛第一の｝＋ ary｛形容詞に｝

Her primary task is inspection.
彼女の主な任務は点検作業だ

□ **principle** /prínsəpl/ 图主義、原則

＊ prin｛第一の｝＋ cip｛つかむ｝

It's against my principle to do that.
そんなことをするのは私の主義に反する

□ **primordial** /praimɔ́ːrdiəl/ 形原始時代の

＊ prim｛第一の｝＋ ord｛順番｝＋ ial｛形容詞に｝→第一番目の

There's a primordial forest ahead of us.
私たちの前方に原始林がある

□ **primrose** /prímrouz/ 图サクラソウ

＊ prim｛第一の｝＋ rose｛バラ｝

The flower resembles a primrose in color.
その花は色が桜草に似ている

16 [simul, simil, semble]

●似ている

WORD ROOTS
コックピットでの疑似体験はシミュレーション（simulation）。

□ **similar** /símələr/ 形 似ている、類似の

* simil｛似ている｝＋ ar｛形容詞に｝
　→名 **similarity** 類似（点）

He has a car similar to mine.
彼は私のと似た車を持っている

There're some similarities between the two novelists.
その二人の小説家には互いに似ているところがいくつかある

□ **assimilate** /əsíməlèit/ 動 同化する

* a(s)｛〜の方へ｝＋ simil｛似ている｝＋ ate｛動詞に｝→似たものにする
　→名 **assimilation** 同化、吸収

The Japanese don't assimilate with the Americans.
日本人はアメリカ人に同化しない

☐ **resemble** /rizémbl/ 動 似ている、類似する

＊ re ｛元へ｝ ＋ semble ｛似ている｝
→名 **resemblance** 類似（点）

My wife resembles a famous Japanese actress.
妻は日本のある有名な女優に似ている

Mars is all the more interesting for its close resemblance to our earth.
火星は地球とよく似ているから、なおさら興味深い

☐ **assemble** /əsémbl/ 動 組み立てる、集まる

＊ a(s) ｛〜の方へ｝ ＋ semble ｛似ている｝
→名 **assembly** 集会、議会

You have to assemble the parts.
あなたは部品を組み立てなければならない

This assembly hall is small.
この集会場は狭い

☐ **simulate** /símjulèit/ 動 装う

＊ simul ｛似ている｝ ＋ ate ｛動詞に｝
→名 **simulation** シミュレーション、偽物

Some moths simulate dead leaves.
蛾の中には枯れ葉に擬態するものがある

☐ **simultaneous** /sàiməltéiniəs/ 形 同時の

＊ simul ｛似ている｝ ＋ eous ｛形容詞に｝

My aim is to be a simultaneous interpreter.
私の目標は同時通訳になることだ

17 [sure]

●確実な

WORD ROOTS
高角打法のシュアーなバッティング。

□ **sure** /ʃúər/ 形 確かな

Our team is sure to win.
私たちのチームはきっと勝つでしょう

I don't know for sure.
ハッキリわかりません

□ **insure** /inʃúər/ 動 保険をかける

* in ｛中に｝ ＋ sure ｛確実な｝ →確実にする

Insure your house against fire.
家に火災保険をかけなさい

□ **insurance** /inʃúərəns/ 名 保険

* insure ｛保険をかける｝ ＋ ance ｛名詞に｝

Attached are copies of the invoice and insurance policy.
送り状と保険証券の写しを添付します

☐ **ensure** /inʃúər/ 動 保証する、確実にする

＊ en ｛中に｝ ＋ sure ｛確実な｝ →確実にする

Airports are taking steps to ensure passenger safety.
空港は乗客の安全を確保するための手段を講じている

☐ **assure** /əʃúər/ 動 保証する、安心させる

＊ a(s) ｛～の方へ｝ ＋ sure ｛確実な｝ →確実にする
→名 **assurance** 確信、自信

We want to assure you that we will always respect your privacy.
個人情報は必ず守りますのでご安心ください

I need an assurance that you will support me.
あなたが私を支援してくれるという確信が必要です

☐ **reassure** /rìːəʃúr/ 動 安心させる、再保証する

＊ re ｛再び｝ ＋ a(s) ｛～の方へ｝ ＋ sure ｛確実な｝ →再び確実にする
→名 **reassurance** 安心、再保証
→形 **reassuring** 元気づける、安心を与える

His words have reassured me.
彼がそう言ってくれたので気が楽になった

Everybody's reassurances have encouraged me.
私はみんなの励ましで勇気づけられた

Your help was very reassuring to me.
あなたの助けにとても元気づけられました

第3章 形容詞的な意味を持つ語根で連想する英単語

129

18 [(s)tun, (s)ton]

● ぼうっとした

WORD ROOTS
トニック (tonic) =強壮剤は音でびっくりさせて力を与えることから。スタンガン (stun gun) で気絶させる。

☐ **astonish** /əstániʃ/ 動 (ひどく) 驚かせる、びっくりさせる

＊a ｛～の方へ｝ ＋ ston ｛ぼうっとした｝ ＋ ish ｛動詞に｝ →ぼっとさせる

→形 **astonishing** びっくりさせる
→名 **astonishment** 驚愕

We were astonished at the news.
私たちはそのニュースを聞いてびっくりした

The advance of computer science in this country has been astonishing.
この国のコンピューターサイエンスの発展はびっくりさせるものがある

I was speechless with astonishment.
私は驚いて物が言えなかった

☐ **astound** /əstáund/ 動 びっくり仰天させる

＊a ｛～の方へ｝ ＋ stound ｛ぼうっとした｝ →ぼっとさせる

→形 **astounding** 度肝を抜くような、驚異的な

He was astounded at the traffic accident.
彼はその交通事故を見てびっくり仰天した

Last year an astounding marathon runner appeared.
昨年、驚異的なマラソンランナーが現れた

☐ **stun** /stʌ́n/ 動 気絶させる、唖然とさせる

We were stunned by her beauty.
私たちは彼女の美しさにぼうっとした

☐ **stupefy** /stjúːpəfài/ 動 ぼうっとさせる、まひさせる

* stup {ぼうっとした} ＋ efy {動詞に} →ぼうっとさせる

She was stupefied at the news.
彼女はその知らせにびっくりした

☐ **stupid** /stjúːpid/ 形 愚かな、馬鹿な

* stup {ぼうっとした} ＋ id {形容詞に}
  →名 **stupidity** 愚かさ

It was stupid of me to make such a mistake.
そんな間違いをするとは私は愚かだった

Thanks to your stupidity, we lost the game.
君が間抜けだったおかげで、僕たちはその試合に負けたんだ

☐ **stupendous** /stjupéndəs/ 形 とてつもない、並はずれた

* stup {ぼうっとした} ＋ ous {形容詞に}

It is a stupendous project.
それはとてつもない計画だ

☐ **tonic** /tánik/ 形 元気づける 名 トニック、強壮剤

* ton {ぼうっとした} ＋ ic {形容詞に}

His presence was a real tonic for our team.
彼がいてくれたことが私たちのチームを本当に元気づけてくれた

19 [void, vac, vas, van, wan]

● 空の

WORD ROOTS
バキュームカー（vacuum car）は真空の車。

□ **want** /wánt/ 動 欲する 名 欠乏、不足

＊空の状態から
　→形 **wanting** 欠けている

I want the work done at once.
　直ぐその仕事を片付けてもらいたい

I'm in want of money.
　お金が必要だ

The work was abandoned for want of funds.
　資金不足のためにその事業は中止になった

He is wanting in common sense.
　彼は常識に欠けている

□ **void** /vɔ́id/ 形 空の、欠けて、無効の

His statement is void of sincerity.
　彼の言うことには誠意が欠けている

☐ **avoid** /əvɔ́id/ 動 避ける

＊a ｛外に｝＋ void ｛空の｝→誰もいない方へ
→名 **avoidance** 回避

He avoided going into debt by selling his house.
彼は家を売って借金を回避した

Tax avoidance should be punished severely.
課税回避行為は厳しく罰せられるべきだ

☐ **vacant** /véikənt/ 形 空いている

＊vac ｛空の｝＋ ant ｛形容詞に｝
→名 **vacancy** 空、空間、空席

Are there any vacant rooms in this hotel?
このホテルには空室がありますか

I'm sorry, but we have no vacancy at present.
あいにくただ今満室です

☐ **vacation** /veikéiʃən/ 名 休暇

＊vac ｛空の｝＋ tion ｛名詞に｝→心が空の状態

How was your summer vacation?
夏休みはどうでしたか

☐ **waste** /wéist/ 名 無駄、浪費　動 無駄に使う

It's a waste of time.
時間の無駄だ

Don't waste money on gambling.
賭け事にお金を無駄遣いするな

20 [void, vac, vas, van, wan]

● 空の

WORD ROOTS
何もない広大な砂漠（vast desert）。

□ **evacuate** /ivǽkjuèit/ 動 避難させる、撤退させる

＊ e {外に} ＋ vac {空の} ＋ ate {動詞に} →外に出して空にする
→名 **evacuation** 避難、撤退

Please evacuate the building immediately.
速やかにビルから避難してください

Evacuation centers have been set up for those who lost their homes.
家を失った人たちのために避難所が設置された

□ **vast** /vǽst/ 形 広大な、膨大な

＊遮るものが何もない状態から

The Sahara is a vast desert.
サハラは広大な砂漠だ

☐ **devastate** /dévəstèit/ 動 荒廃させる、困惑させる

＊ de ｛完全｝＋ vast ｛広大な｝＋ ate ｛動詞に｝ →全く何もない状態にする

→名 **devastation**　荒廃、廃墟

The capital was devastated by the Allied fire-bombing.
その首都は連合国側の焼夷弾で破壊された

The devastation in Tohoku was as terrible as I had imagined.
東北の荒廃は私が想像していたとおり酷いものであった

☐ **vain** /véin/ 形 うぬぼれた　名 無駄、無益

→名 **vanity**　名 虚栄心

All my pains were in vain.
私の全ての苦労は無駄だった

Her words satisfied his vanity.
彼女の言葉は彼の虚栄心を満足させた

☐ **vanish** /vǽniʃ/ 動 消える

＊ van ｛空の｝＋ ish ｛動詞に｝ →空にする

→形 **vanishing**　消えゆく

Their last hope has vanished.
彼らの最後の希望は消え失せた

The tiger is a vanishing species.
虎は消滅しかかっている種族である

☐ **wane** /wéin/ 動 欠ける、衰える

His popularity has been on the wane.
彼の人気は傾いている

The moon is waning.
月が欠けてきている

第 **4** 章

2文字の漢字で連想する英単語

1

[arm]

● 武器

WORD ROOTS
アルマジロ（armadillo）は体全体が鎧（armor）の武器。

□ **arm** /ɑ́:rm/ 图 腕、(arms で) 武器 動 武装させる

→ 関連 **unarmed** 形 非武装の

The government is cutting arms expenditure.
政府は軍事費を削減している

He armed himself with a pistol.
彼はピストルで身を固めた

The police officers do their rounds unarmed in Britain.
イギリスでは警察官は丸腰で巡回する

□ **army** /ɑ́:rmi/ 图 陸軍、軍隊

＊ arm ｛武器｝ ＋ y ｛総称｝

A great number of citizens went into the army.
多くの国民が陸軍に入隊した

□ **armament** /ɑ́:rməmənt/ 图 軍備、軍隊、武装

＊ arm ｛武器｝ ＋ ment ｛名詞に｝

The assembly voted to protest against any nuclear armament.
その集会はいかなる核武装にも抗議することを議決した

☐ **disarm** /disá:rm/ 動 武装を解除する、軍備を縮小する

＊ dis｛～でない｝＋ arm｛武装させる｝

→名 **disarmament** 軍備縮小

Most of the rebels were disarmed.
反乱軍の大半は武器を取り上げられた

Disarmament is in practice difficult in many countries.
軍備縮小は多くの国では実際難しい

☐ **armistice** /á:rməstis/ 名 休戦

＊ arm｛武器｝＋ stice｛止まる｝

The enemy had to ask for an armistice.
敵軍は休戦を求めざるを得なかった

☐ **armory** /á:rməri/ 名 兵器工場、兵器庫

＊ arm｛武器｝＋ ory｛場所｝

Suddenly the armory exploded.
突然、兵器工場が爆発した

☐ **alarm** /əlá:rm/ 名 警報、アラーム、不安　動 警報装置を取り付ける、恐れさせる

＊ al｛～の方へ｝＋ arm｛武器｝→武器を取れ

The alarm didn't go off this morning.
今朝アラームが鳴らなかった

This door is alarmed.
このドアは警報装置が取り付けられている

第4章　2文字の漢字で連想する英単語

2 [care, cure]

● 世話、注意

WORD ROOTS

デイケア (day care) とは日帰りの通所リハビリテーションサービス。careless は「不注意な」。carefree は「のんきな」に意味に。

□ secure /sikjúər/ 形 安全な、しっかりした 動 安全にする、獲得する

* se ｛離れて｝ + cure ｛世話｝
  → 名 **security** 安全（保障）、警備

Her husband has a secure position in a big business.
彼女の夫は大企業で安定した地位にいる

It's important for you to secure a stable job.
安定した職に就くことがあなたにとって大切だ

He works for a security company.
彼は警備会社に勤めている

□ cure /kjúər/ 名 治療（法） 動 治療する

There is no cure for the common cold.
普通の風邪に治療法はない

This medicine will cure you of your headache in no time.
この薬を飲めば頭痛はすぐに治ります

□ **curious** /kjúəriəs/ 圏 好奇心のある

＊ cur ｛世話｝＋ ious ｛形容詞に｝
→图 **curiosity**　好奇心、骨董品（＝ curio）

There is something I am curious about.
　気になることがある

He is full of intellectual curiosity.
　彼は知的好奇心が旺盛だ

□ **accurate** /ǽkjurət/ 圏 正確な

＊ a(c) ｛〜の方へ｝＋ cur ｛世話｝＋ ate ｛形容詞に｝
→图 **accuracy**　正確さ
→图 **inaccurate**　圏 不正確な

He's accurate at figures.
　彼は計算が正確だ

Accuracy and speed are vital for my work.
　私の仕事は正確さとスピードが不可欠だ

The data is often inaccurate.
　データが不正確なことがよくある

□ **care** /kéər/ 图 世話、注意、心配　動 心配する、好む

Would you care for another cup of coffee?
　もう一杯コーヒーはいかがですか

Take care not to catch a cold.
　風邪を引かないように注意して

□ **careful** /kéərfəl/ 圏 注意深い

＊ care ｛注意｝＋ ful ｛形容詞に｝

I'll be careful next time.
　次回は気をつけます

③ [center]

● 中心

WORD ROOTS
野球でセンターの守備につく。

☐ **center** /séntər/ 图中心、中央　動中心を置く、集中する

They live in the center of the city.
彼らは都市の中心部に住んでいる

Much of their work is centered on local development projects.
彼らの仕事の多くは地元の開発計画に集中している

☐ **concentrate** /kánsəntrèit/ 動集中させる

* con {共に} ＋ centr {中心} ＋ ate {動詞に} →みんな中心に集める

→图 **concentration**　集中（力）

She has the ability to concentrate.
彼女には集中力がある

He is a person with good concentration.
彼はすばらしい集中力がある人間だ

☐ **central** /séntrəl/ 图中心の、中央の、行きやすい

* centr {中心} ＋ al {形容詞に}

His apartment is very central for the shopping district.
彼のアパートは商店街へとても行きやすい

☐ **centralize** /séntrəlàiz/ 動 集中させる

* central {中心の} + ize {動詞に}
  →名 **centralization** 中央集権（化）、集中（化）

The Russian government centralized the distribution of food.
ロシア政府は食物の分配を集中させた

☐ **eccentric** /ikséntrik/ 形 風変わりな

* e(c) {外に} + centr {中心} + ic {形容詞に} →中心の外にいる
  →名 **eccentricity** 風変わり、奇抜、奇行

The professor is known for his eccentric conduct.
その教授は奇行で知られている

☐ **centrifugal** /sentrífjugəl/ 形 遠心力の、地方分権の

* centri {中心} + fug {逃げる} + al {形容詞に} →中心から逃げて行く
  →名 **centrifuge** 遠心分離器

Newton viewed centrifugal force as an absolute motion.
ニュートンは遠心力を絶対運動と見なした

☐ **centripetal** /sentrípətl/ 形 求心力の

* centri {中心} + pet {求める} + al {形容詞に} →中心を求める

The answer has something to do with centripetal force.
解答は求心力と関係がある

④ [dem]

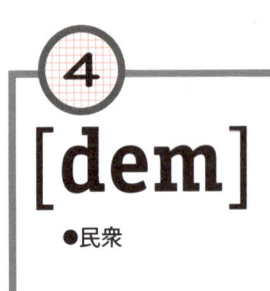

●民衆

WORD ROOTS
デモとは demonstration の略で、大衆的示威行動のこと。

□ **democracy** /dimákrəsi/ 图 民主主義、民主政治

* demo ｛民衆｝ ＋ cracy ｛支配｝ →民衆が支配する
  →形 **democratic** 民主主義の
  →動 **democratize** 民主化する
  →関連 **democrat** 民主主義者

He emphasized his intention to democratize Iraq.
彼はイラクを民主化するという意志を強調した

Democracy hasn't really taken root in this country.
民主主義がまだこの国には根づいていない

The United States of America is a democratic country.
米国は民主国家だ

He is heart and soul a Democrat.
彼はまったくの民主党員だ

☐ **demography** /dimágrəfi/ 图 人口統計学

* demo {民衆} + graphy {書くこと}
→ 圏 **demographic** 人口統計学の

Consumer markets are usually segmented on the basis of geography, demography and buyer-behavior.
普通、消費者市場は地理、人口統計、そして購買者行動をもとに分割される

Analysis of demographic variables is essential for market valuation.
人口動態変数の分析は市場の評価には不可欠だ

☐ **endemic** /endémik/ 圏 一地方特有の

* en {中に} + dem {民衆} + ic {形容詞に}

Cholera was endemic in Mexico in the 19th century.
19世紀のメキシコではコレラは風土病だった

☐ **epidemic** /èpədémik/ 圏 伝染性の、流行性の 图 伝染病

* epi {周りの} + dem {民衆} + ic {形容詞に} → 民衆の中に

A serious epidemic has broken out in Beijing.
深刻な伝染病が北京で発生した

☐ **demagogue** /déməgàg/ 图 扇動政治家

* dem {民衆} + agogue {指導者}

They labeled him as a demagogue.
彼らは彼を扇動政治家と呼んだ

☐ **pandemic** /pændémik/ 圏 全世界に広がる

* pan {全ての} + dem {民衆} + ic {形容詞に} → 世界中の民衆に

That disease was pandemic in 1998.
その病気は1998年に大流行した

5 [fide, feder, fy]

●信頼

WORD ROOTS
FBI（連邦捜査局）は Federal Bureau of Investigation の略。

☐ **confide** /kənfáid/ 動 信頼する、信用する、託す

* con ｛共に｝ + fide ｛信頼｝ →お互いに信頼する
  →形 **confident** 自信のある
  →名 **confidence** 信頼、信用

She is the only person I can confide in.
私が信頼できるのは彼女だけだ

He gave his speech in a strong, confident voice.
彼は強く自信のある声で演説した

Have confidence in yourself.
自信を持ちなさい

☐ **confidential** /kànfədénʃəl/ 形 機密の、信任の厚い

* confide ｛信頼する｝ + ential ｛形容詞に｝ →信頼できる
  →副 **confidentially** 内密に、内緒の話だが

This information is confidential.
このことは丸秘です

Confidentially, I'm going to quit my job.
ここだけの話だけど、仕事を辞めようと思ってます

☐ **federal** /féd(ə)rəl/ 形 連邦の

* feder {信頼} + al {形容詞に}

Americans pay both federal taxes and state taxes.
アメリカ人は連邦税と州税の両方を払っている

☐ **confederation** /kənfèdəréiʃən/ 名 連合、連邦

* con {共に} + feder {信頼} + ation {名詞に}
→形 **confederate** 連合の、同盟の　名 連合国、同盟国、共謀者　動 連合させる

The European Trade Union Confederation was founded in 1973.
欧州労働組合連合は 1973 年に設立された

☐ **fidelity** /fidéləti/ 名 忠実、忠誠

* fidel {信頼} + ity {名詞に}
→名 **infidelity** 不義、不貞

The sound fidelity of CDs is much better than that of records.
CD の音の忠実度はレコードよりもずっといい

I forgave him for his infidelity.
私は彼の不貞を許した

☐ **faith** /féiθ/ 名 信用、信仰

* fai {信頼} + th {名詞に}
→形 **faithful** 忠実な、誠実な

I don't have faith in politicians.
私は政治家を信用していない

6

[grat, gre, grace]

●好意

WORD ROOTS
イタリア語で「ありがとう」はグラッチェ (grazie)。

□ **grace** /gréis/ 图 上品、気品、親切、感謝の祈り、猶予

→形 **graceful** 上品な、優美な
→形 **gracious** 優しい、親切な、優雅な

I got a few days' grace to finish my essay.
エッセイを終わらせるのに数日の猶予をもらった

His wife is graceful.
彼の妻は上品だ

She is gracious to everyone.
彼女は誰にでも優しい

□ **agree** /əgríː/ 動 同意する、賛成する

＊a {～の方へ} ＋ gree {好意} →好意を与える
→图 **agreement** 同意、賛成
→形 **agreeable** 感じの良い、賛成の

I agree with your opinion.
私はあなたの意見に賛成です

I'm glad we reached an agreement
合意に達してうれしいです

Do you think they will be agreeable to our proposal?
彼らは私たちの提案に乗り気だと思いますか

☐ **disagree** /dìsəgríː/ 動同意しない

* dis {～でない} ＋ agree {同意する}
　→名 **disagreement** 不一致

It was brave of you to disagree with him.
彼に同意しないとは、あなたは勇敢でした

The two reports are in disagreement.
その二つの報告は食い違っている

☐ **grateful** /gréitfəl/ 形感謝して

* grate {好意} ＋ ful {形容詞に}

I'm really grateful for everything you've done for me.
あなたが私にしてくれた全てに対して本当に感謝しています

☐ **gratitude** /grǽtətjùːd/ 名感謝

* grati {好意} ＋ tude {名詞に}

I'd like to express my gratitude.
お礼を申し上げます

☐ **gratuity** /grətjúːəti/ 名心付け

* grat {好意} ＋ ity {名詞に}

No gratuities accepted.
お心づけはご辞退致します

☐ **congratulate** /kəngrǽtʃulèit/ 動祝う

* con {共に} ＋ grat {好意} ＋ ate {動詞に} →みんなで好意を与える
　→名 **congratulation** 祝福

I congratulate you on your promotion.
昇進おめでとうございます

Congratulations on your marriage!
ご結婚おめでとう

第4章 2文字の漢字で連想する英単語

149

7 [ima, imi]

●画像

WORD ROOTS
パントマイム（pantomime）は完全に（panto）真似る（mime）こと。

☐ **imagine** /imǽdʒin/ 動 想像する

＊ image ｛画像｝ ＋ ine ｛動詞に｝ →画像にする
→名 **imagination** 想像（力）

The house was just as she had imagined it.
家は彼女が想像していた通りだった

Your imagination is amazing.
あなたの想像力はすごいですね

☐ **image** /ímidʒ/ 名 イメージ、画像、姿、形、典型

She's the image of the successful businessperson.
彼女は成功した実業家の典型だ

The advertisements are intended to improve the company's image.
その広告は会社のイメージを向上するためのものだ

☐ **imaginative** /imǽdʒənətiv/ 形 想像的な

＊imagine {想像する} ＋ tive {形容詞に}

You need to be more flexible and imaginative.
あなたはもっと柔軟に想像力を働かせなければならない

☐ **imaginary** /imǽdʒənèri/ 形 想像上の

＊imagine {想像する} ＋ ary {形容詞に}

The dragon is an imaginary creature.
竜は想像上の生物である

☐ **imitate** /ímətèit/ 動 模倣する、まねる

＊imit {画像} ＋ ate {動詞に} →画像にする

→図 **imitation**　模倣（品）

Our methods have been imitated all over the world.
私たちの方法は世界中で真似されてきた

It is no more than an imitation.
それは単に模倣に過ぎない

☐ **mime** /máim/ 名 身ぶり、パントマイム　動 物まねをする、身振りをする

We managed to communicate in mime.
私たちはどうにか身ぶりで意思を伝達した

☐ **mimic** /mímik/ 動 まねる、馬鹿にする

That restaurant has a distinct character that no one can mimic.
そのお店は誰にも真似ができないような個性のあるお店です

8 [limit]

●限界、境界

WORD ROOTS
速度制限はスピードリミット (speed limit)。

□ **limit** /límit/ 图限界、制限　動制限する

→ 形 **limited** 有限の、特急の
→ 関連 形 **limitless** 無限の、無制限の

There is a limit to everything.
物事には限度がある

I was told to limit the expense to $20.
私は費用を20ドルに制限するようにと言われた

Our budget is limited.
私たちの予算は限られている

Limited express trains don't stop at this station.
この駅には特急列車は止まりません

Natural resources are not limitless.
天然資源は無限に存在するわけではない

□ **limitation** /lìmətéiʃən/ 图制限

* limit {制限する} + tion {名詞に}

They decided to impose limitations on imports.
彼らは輸入制限を決めた

☐ **off-limit** /ɔ́:flímit/ 圏 立ち入り禁止

＊off ｛離れて｝ ＋ limit ｛制限｝

Nothing is off-limits for reform.
改革に聖域はない

☐ **eliminate** /ilímənèit/ 動 削除する、除去する

＊e ｛外に｝ ＋ limi ｛制限｝ ＋ ate ｛動詞に｝ →制限の外に出す

→名 **elimination** 削除、撤廃、予選、控除

I wonder what to do to eliminate bullying.
どうすればいじめがなくなるだろうか

Martin Luther King was dedicated to the elimination of racial discrimination.
キング牧師は人種差別の撤廃に身をささげた

☐ **subliminal** /sʌblímənl/ 圏 意識下の、潜在意識の

＊sub ｛下に｝ ＋ limi ｛限界｝ ＋ al ｛形容詞に｝

Do subliminal messages really work?
サブリミナル・メッセージというのは本当に効果があるだろうか

☐ **preliminary** /prilímənèri/ 圏 予備の、準備の

＊pre ｛前に｝ ＋ limi ｛限界｝ ＋ ary ｛形容詞に｝

Preliminary tests showed that pollution was very high in the river.
河の汚染度は非常に高いことが予備調査でわかった

9 [loc]
●場所

WORD ROOTS
地元を走るローカル (local) 線。

☐ **locate** /lóukeit/ 動 位置づける

＊ loc {場所} ＋ ate {動詞に}
→名 **location** 位置、場所、所在地

His office is located right in the center of town.
彼の会社は町のど真ん中にある

My apartment is in a really good location.
私のアパートは実に良い場所にある

☐ **allocate** /ǽləkèit/ 動 割り当てる

＊ a(l) {〜の方へ} ＋ locate {位置づける}
→名 **allocation** 割り当て、配当

He allocated his employees their duties.
彼は従業員に任務を割り当てた

Special ticket allocations were made for members of the company.
社員に特別チケットが配当された

☐ **collocate** /kάləkèit/ 動 一緒に並べる、連結する

＊ co(l) {共に} ＋ locate {位置づける}

The words 'new' and 'world' collocate.
単語の「新しい」と「世界」は連結する

☐ **dislocate** /dísloukèit/ 動 脱臼させる、混乱させる

＊ dis {離れて} ＋ locate {位置づける}

He fell from the stairs and dislocated his shoulder.
彼は階段から落ちて肩を脱臼した

☐ **local** /lóukəl/ 形 地元の

＊ loc {場所} ＋ al {形容詞に}

The fire was reported in the local newspaper.
地元紙にその火事は載った

☐ **relocate** /rì:lóukèit/ 動 移転させる

＊ re {元へ} ＋ locate {位置づける}

→名 **relocation** 移転、再配置

If rents continue to rise, many local businesses may decide to relocate.
家賃が上がり続ければ、地元の多くの企業が移転を決めるかもしれない

10

[merc, mark]

●取引

WORD ROOTS
蚤の市はフリーマーケット（flea market）。

☐ **market** /máːrkit/ 图 **市場、景気** 動 **市場に出す**

The market is depressed.
　景気が沈滞している

Japanese cars account for about 30% of the U.S. car market.
　日本車はアメリカの車市場の約 30%を占めている

In order to market a product well, you need to be aware of public demand.
　商品をうまく市場に出すためには、公的需要を知る必要がある

☐ **merchant** /máːrtʃənt/ 图 **商人**

＊ merch｛取引｝＋ ant｛人｝

A wholesale merchant's advice is to look for a reliable shop and buy your crabs there.
　卸業者のアドバイスは、信頼できる店を探して、そこでカニを買うことだ

□ **merchandise** /mə́:rtʃəndàiz/ 图 商品　動 取引（売買）する

＊ merchant ｛商人｝ ＋ ise ｛動詞に｝

The merchandise is attractively displayed at this store.
この店の商品は客の目を引くように陳列されている

□ **commerce** /kámərs/ 图 商業、貿易

＊ co(m) ｛共に｝ ＋ merce ｛取引｝
→圈 **commercial**　商業の

He made his fortune from commerce.
彼は貿易で財産を築いた

Sapporo is the biggest commercial center in Hokkaido.
札幌は北海道第一の商業都市である

□ **mercantile** /mə́:rkəntì:l/ 图 商法

He is familiar with mercantile law.
彼は商法に詳しい

□ **mercy** /mə́:rsi/ 图 慈悲

→圈 **merciful**　慈悲のある、情け深い
→圈 **merciless**　無慈悲な、情けのない

They showed no mercy to their hostages.
彼らは人質に無慈悲だった

11 [ord]
●順序、命令

WORD ROOTS
レストランでの注文はオーダー（order）。

□ **order** /ɔ́ːrdər/ 图 順序、命令、注文、秩序　動 命令する、注文する

→形 **orderly** 規則正しい、きちんとした

Check that all the names are in the right order.
名前が全部順番通りになっているか確認してください

May I take your order?
ご注文をお伺いしてもよろしいですか

The phone is out of order.
電話は故障中だ

The company was ordered to pay compensation to its former employees.
その会社は前の従業員への保証金の支払いを命じられた

An orderly lifestyle and regular exercise are the keys to health.
規則正しい生活と定期的な運動が、健康の秘訣です

□ **disorder** /disɔ́ːrdər/ 图 混乱、無秩序、障害

＊ dis ｛離れて｝ ＋ order ｛秩序｝

The country was in a state of great disorder.
その国は非常な混乱状態にあった

☐ **ordinary** /ɔ́ːrdənèri/ 形 普通の、通常の

* ordin {順序} + ary {形容詞に}

Housing prices in Tokyo are out of reach for ordinary people.
東京の住宅価格は一般人には手が届かない

☐ **coordinate** /kouɔ́ːrdənèit/ 動 調整する 形 /kouɔ́ːrdənət/ 同等の

* co {共に} + ordin {順序} + ate {動詞に}

Thank you for coordinating a schedule.
日程を調整してもらって有難うございます

☐ **extraordinary** /ikstrɔ́ːrdənèri/ 形 異常な、並はずれた、臨時の

* extra {超えて} + ordinary {普通の}

The gain from sales of fixed assets is reported as extraordinary profits.
固定資産売却益は臨時利益として計上される

☐ **subordinate** /səbɔ́ːrdənət/ 形 下位の、従属した 名 部下

動 /səbɔ́ːrdənèit/ 従属させる

* sub {下に} + ordin {順序} + {形容詞・動詞に} →順序が下の

In the army colonels are subordinate to major generals.
陸軍では大佐は少将の下位にある

I'll listen to my subordinate's suggestions and opinions.
私は部下の提案と意見を受け入れます

12

[poli(t), poli(c)]
● 都市

WORD ROOTS

大都市はメトロポリス（metropolis）。アテネのアクロポリスは高い所（acro）にある都市（polis）。

☐ **police** /pəlíːs/ 图 **警察**

＊都市を管理するものから

The police are looking into the matter.
　警察がその事件を調べている

The police officer fired a blank.
　その警察官は空砲を撃った

☐ **policy** /páləsi/ 图 **政策、方針**

＊都市を管理することから

They protested against the government's foreign policy.
　彼らは政府の外交政策に対して抗議した

☐ **politics** /pálətiks/ 图 **政治学**

＊ polit ｛都市｝ ＋ ics ｛学問｝ →都市を管理する学問

I'm not interested in politics at all.
　私は政治には全く興味がない

□ **politic** /pálətìk/ 形 思慮深い、分別のある、賢明な

＊ polit ｛都市｝ ＋ ic ｛形容詞に｝ →都会人の

It would be politic to avoid that topic.
その話題は避けたほうが賢明だろう

□ **polite** /pəláit/ 形 礼儀正しい、上品な、洗練された

→反 **impolite** 失礼な

Thank you for the polite email.
ご丁寧なメールありがとうございます

It's impolite to talk with your mouth full.
口にものを詰めて話すのは失礼です

□ **political** /pəlítikəl/ 形 政治の

＊ polit ｛都市｝ ＋ ical ｛形容詞に｝

What is your favorite political party?
あなたの好きな政党はどこですか

□ **politician** /pàlətíʃən/ 名 政治家

＊ polit ｛都市｝ ＋ ician ｛人｝ →都市を管理する人

The politician lost his position in the end.
その政治家は結局失脚した

□ **politicize** /pəlítəsàiz/ 動 政治的に扱う、政治問題化する

＊ politics ｛政治｝ ＋ ize ｛動詞に｝

Education is too important to be politicized.
教育はあまりにも重大なので政治的に扱うことはできない

13 [price, praise]

●価値、報酬

WORD ROOTS
中国唐の時代の高価な花瓶は値段の付けられない貴重なもの＝ priceless。

□ **price** /práis/ 图価格、物価、値段

→ 関連 形 **priceless** 貴重な

Prices are going up these days.
最近、物価が上がっている

Rice is depressed in price.
米の価格が下落している

This antique Chinese vase is priceless.
このアンティークの中国の花瓶は貴重なものだ

□ **praise** /préiz/ 動ほめる、賞賛する　图賞賛

Too much praise is a burden.
ほめすぎは重荷になる

We praised him for his bravery.
私たちは彼の勇敢さを賞賛した

□ **precious** /préʃəs/ 形貴重な

＊ prec ｛価値｝ ＋ ious ｛形容詞に｝

Don't waste your precious time.
貴重な時間を無駄にしてはいけません

☐ **appreciate** /əprí:ʃièit/ 動 感謝する、認識する、真価を認める、騰貴する

* a(p) {〜の方へ} + prec {価値} + ate {動詞に} →価値をつける
  →名 **appreciation** 感謝、真価、評価

I appreciate your help.
あなたの援助に感謝します

I'd appreciate it if you could do that.
そうしてもらえるとありがたいです

I wish to express my appreciation.
感謝申し上げます

☐ **depreciate** /diprí:ʃièit/ 動 値下がりする

* de {下に} + prec {価値} + ate {動詞に} →価値を下げる
  →名 **depreciation** 減価償却、下落

The dollar depreciated again.
ドルは再び安くなった

There are various kinds of methods of depreciation.
減価償却方法には様々な種類がある

☐ **appraise** /əpréiz/ 動 評価する、見積もる

* a(p) {〜の方へ} + praise {ほめる}

How do you appraise it?
それをどう評価しますか

第4章 2文字の漢字で連想する英単語

14 [soci]
● 仲間

WORD ROOTS
社交ダンスはソーシャルダンス（social dance）。

□ **associate** /əsóuʃièit/ 動 関連づける、交際する、連携する

形 /əsóuʃiət/ 仲間の、準…

* a(s) {〜の方へ} ＋ soci {仲間} ＋ ate {動詞に} →仲間にする
  →名 **association** 連合、提携、協会、交際

A person is known by the people with whom he associates.
人は交友関係を見ればわかる

He's an associate professor at Sophia University.
彼は上智大学の準教授だ

I want to leave the association.
私はその会から脱退したい

He has worked in close association with the economist.
彼は、仕事の上でその経済学者とごく親しい付き合いだった

□ **society** /səsáiəti/ 名 社会

* soci {仲間} ＋ ety {名詞に}

They were discussing the problems of Western society.
彼らは西洋社会の諸問題について話し合っていた

□ **social** /sóuʃəl/ 圏 社会の、社会的な

* soci {仲間} ＋ al {形容詞に}

Governments have made efforts to improve women's social and economic status.
政府は女性の社会的、経済的な地位を改善する努力をしてきた

□ **sociable** /sóuʃəbl/ 圏 社交的な

* soci {仲間} ＋ able {できる}
→ 関連 图 **socialist** 社会主義者
　　　 图 **socialism** 社会主義

Americans are sociable and gregarious.
アメリカ人は社交的で社交好きである

Vietnam is a socialist republic.
ベトナムは社会主義共和国です

He committed himself to socialism.
彼は社会主義に傾倒した

□ **socialize** /sóuʃəlàiz/ 圏 社交的になる

* social {社会的な} ＋ ize {動詞に}

Maybe you should socialize more.
もっと社交的になった方がいいですよ

□ **dissociate** /disóuʃièit/ 圏 切り離す、分離する

* dis {離れて} ＋ soci {仲間} ＋ ate {動詞に}

He tried to dissociate himself from the party's more extreme views.
彼は党の過激な考えから自分自身を切り離そうとした

□ **sociology** /sòusiálədʒi/ 图 社会学

* socio {社会} ＋ logy {学問}
→ 圏 **sociological** 社会学の

My major is sociology.
私の専攻は社会学です

15 [term]

●境界

WORD ROOTS
ターミナル（terminal）は終着駅。

□ **term** /tə́ːrm/ 图期間、学期、用語、任期、条件

He used the term "crisis" to describe the company's financial situation.
彼は会社の財政状況を表すのに「危機」という言葉を使った

His term in office expired.
彼の任期は終了した

Delivery is within the terms of this contract.
配達はこの契約条件の範囲内にある

□ **terminal** /tə́ːrmənl/ 圏末期の、終末の、終点の 图終点、終末

＊ term ｛境界｝ ＋ inal ｛形容詞に｝

He's suffering from terminal cancer.
彼は末期ガンに苦しんでいる

A free shuttle bus runs between the airport terminal and the train station.
無料のシャトルバスが空港ターミナルと鉄道の駅を循環している

☐ **terminate** /tə́:rmənèit/ 動 終わる、終わらせる

＊ term｛境界｝＋ ate｛動詞に｝→境界をつける

The contract terminates in April.
その契約は4月に終わる

The company had the right to terminate his employment at any time.
その会社は従業員をいつでも解雇できる権利があった

☐ **exterminate** /ikstə́:rmənèit/ 動 絶滅させる、完全に駆除する

＊ ex｛外に｝＋ terminate｛終わらせる｝

I'd like you to exterminate the cockroaches in my house.
あなたに私の家のゴキブリを完全に駆除していただきたいのです

☐ **terminology** /tə̀:rmənálədʒi/ 名 専門用語

＊ term｛用語｝＋ logy｛学問｝

It is important that lawyers use the correct terminology when they prepare contracts.
弁護士は契約書を準備する時に正しい専門用語を使うことが重要だ

☐ **determine** /ditə́:rmin/ 動 決定する

＊ de｛離れて｝＋ term｛境界｝＋ ine｛動詞に｝→境界を定める
 →形 **determined** 決心して、決意して

Let's determine the date for the meeting.
会合の日取りを決めよう

Both sides in the dispute seemed determined not to compromise.
その論争で双方は決して妥協しないと決意しているようだった

16 [use, uti, ute]

●使用

WORD ROOTS
主婦が洗濯やアイロンかけなどの家事に使う小部屋はユーティリティールーム（utility room）。

□ **use** /júːs/ 图 使用、利用、益　動 /júːz/ 使用する、利用する

→圏 **useful**　役に立つ
→関連 圏 **useless**　役に立たない

There is **no use** talking to him.
彼に話しても無駄だ

Can I use your phone?
電話を貸してくれますか

That will probably be useful in the future.
それは将来役に立つでしょう

Let's omit useless formalities.
無用な手続きは省くことにしよう

□ **reuse** /rìːjúːz/ 動 再利用する　图 /rìːjúːs/ 再利用

* re｛再び｝＋ use｛使用｝
→圏 **reusable**　再利用できる

The supermarket encourages shoppers to reuse plastic bags.
そのスーパーマーケットは買い物客にビニール袋の再利用を勧めている

□ **utilize** /júːtəlàiz/ 動利用する、活用する

＊ uti ｛使用｝＋ ize ｛動詞に｝

We fully utilize our employees' capabilities.
私たちは社員の能力をフルに活用します

□ **utility** /juːtíləti/ 名役に立つもの、公益事業

＊ uti ｛使用｝＋ ity ｛名詞に｝

Public utility charges will go up next April.
次の４月から公共料金が値上げになる

□ **abuse** /əbjúːz/ 動悪用する、乱用する　名 /əbjúːs/ 悪用、乱用、虐待

＊ ab ｛離れて｝＋ use ｛使用｝ →本来の使用から離れて

She was punished for child abuse.
彼女は幼児虐待で罰せられた

Government officials are apt to abuse their authority.
とかく役人は権力を乱用したがるものだ

□ **usurp** /juːsə́ːrp/ 動横領する

＊ us ｛使用｝＋ urp ｛=rape つかむ｝

They conspired together to usurp the property.
彼らは共謀して財産を横領した

□ **utensil** /juːténsəl/ 名用具、家庭用品

＊ラテン語で「使うもの」から

Don't forget to bring kitchen utensils such as knives and cooking pots.
包丁やなべなどの台所用品を持参すること

17 [val]

●価値

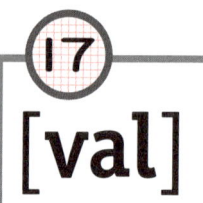

WORD ROOTS
価値あるバリューパック。

☐ **valuable** /vǽljuəbl/ 形 貴重な 名 貴重品

* valu {価値} ＋ able {できる}
→ 関連 形 **invaluable** 評価できないほど貴重な

We've all learned a valuable lesson today.
今日は貴重な教訓を学んだ

Please do not leave money or valuables in the lockers.
ロッカーにはお金や貴重品を入れないでください

She is invaluable to our company.
彼女は我が社にとって貴重な人物です

☐ **value** /vǽljuː/ 名 価値、評価、値段 動 評価する、見積る、値を付ける

→ 関連 形 **valueless** 価値のない

Real estate values continue to rise.
不動産の価値が上がり続けている

They valued the house and land at $20,000.
彼らはその家と土地を2万ドルと見積った

This discovery is valueless.
この発見は価値がない

□ **evaluate** /ivǽljuèit/ 動 評価する

＊e｛外に｝＋ valu｛価値｝＋ ate｛動詞に｝ →価値を表に出す

→名 **evaluation** 評価

I will evaluate your positive attitude.
私はあなたの積極的な姿勢を評価します

His evaluation was rather severe.
彼の評価はかなり厳しかった

□ **avail** /əvéil/ 動 利用する、役立つ 名 利益、効力

＊a｛～の方へ｝＋ vail｛価値｝

You should avail yourself of this opportunity.
この機会を利用すべきだ

All my efforts proved of no avail.
私の努力はすべて無駄になった

□ **available** /əvéiləbl/ 形 利用できる、入手できる

＊avail｛利用｝＋ able｛できる｝

There is no bus service available in this village.
この村にはバスの便がない

□ **equivalent** /ikwívələnt/ 形 等しい、同等の

＊equi｛等しい｝＋ val｛価値｝＋ ent｛形容詞に｝

One dollar is roughly equivalent to 110 yen at the moment.
今のところ1ドルはほぼ110円に等しい

第5章

基本単語から連想する英単語

1

[bat(e)]
● 叩く

WORD ROOTS
棍棒 (baton) を叩いて敵と戦う原始人。

☐ **battle** /bǽtl/ 图 戦争、戦い、闘い

＊ bat ｛叩く｝＋ tle ｛反復｝ →何度も叩くこと
→ 関連 图 **battlefield** 戦場

The battle against racial discrimination is not over.
人種差別との闘いは終わっていない

Thousands died on the battlefields of northern France.
北フランスの戦場では何千もの人が亡くなった

☐ **abate** /əbéit/ 動 弱める、弱まる

＊ a ｛〜の方へ｝＋ bate ｛叩く｝ →〜を叩く

Public anger does not appear to be abating.
民衆の怒りはおさまっていないようだ

☐ **debate** /dibéit/ 图 討論 動 討論する

＊ de ｛離れて｝＋ bate ｛叩く｝ →叩いて遠ざける

After a long debate, Congress approved the proposal.
長い討論の末に国会はその提案を承認した

Politicians will be debating the bill this week.
今週、政治家たちはその法案について討論することになっている

☐ **batter** /bǽtər/ 動 乱打する、殴打する、虐待する　名 バッター

＊ bat ｛たたく｝ ＋ er ｛繰り返し｝ →何度もたたく

Each year, about 4 million women are battered by their husbands.
毎年、4百万人ほどの女性が夫に虐待されている

☐ **battery** /bǽtəri/ 名 殴打、電池

＊ batt ｛叩く｝ ＋ ery ｛名詞に｝

He was found guilty of battery.
彼は殴打したことで有罪になった

The battery is dead.
電池が切れている

☐ **rebate** /ríːbeit/ 名 払い戻し

＊ re ｛元へ｝ ＋ bate ｛叩く｝

In the end I managed to claim a tax rebate.
最後に何とか税金の還付を請求できた

☐ **beat** /bíːt/ 動 打つ、叩く、かき混ぜる、連打する、負かす　名 打つこと、拍子

It took me over three hours to beat the game.
そのゲームをクリアするのに3時間以上かかった

Beat the eggs and pour into the milk.
卵をかき混ぜて牛乳に注ざます

② [call, cil]
●呼ぶ

WORD ROOTS
売った欠陥品を呼び (call) 戻す (re) リコール (recall)。

□ **call** /kɔ́ːl/ 動 呼ぶ、電話する 名 呼び声、電話をかけること、案内、依頼

Somebody, call the police.
誰か、警察に電話して

Are you calling me a liar?
私を嘘つきだと言ってるの？

This is the last call for flight 372 to Atlanta.
これがアトランタ行き372便の最終案内です

□ **council** /káunsəl/ 名 議会、会議、評議会

* coun {共に} + cil {呼ぶ}
→ 関連 名 **councilor** 議員、評議員

The bill passed the City Council.
その法案は市議会を通過した

Talk to your local councilor about the problem.
その問題に関しては地元の議員に話してください

calling /kɔ́:liŋ/ 图 天職

＊calling {呼ぶこと} →神の思し召しから

Helping the poor was her calling in life.
貧しい人たちを救うことは彼女の生涯の天職だった

recall /rikɔ́:l/ 動 思い出す、回収する

＊re {元へ} ＋ call {呼ぶ} →呼び戻す

I can't recall her name.
彼女の名前が思い出せない

The defective cars were all recalled.
欠陥車は全部回収された

conciliation /kənsiliéiʃən/ 图 調停、和解

＊con {共に} ＋ cil {呼ぶ} ＋ ate {動詞に} ＋ ion {名詞に} →共に呼び合うこと

There was a brief period of conciliation but the fighting soon resumed
短い期間の和解があったが、戦いはすぐ再開した

reconcile /rékənsàil/ 動 調停する、和解させる

＊re {元へ} ＋ con {共に} ＋ cile {呼ぶ} →一緒に元の場所に呼ぶ

→图 **reconciliation** 調停、和解

He reconciled the dispute among the factions.
彼は各党派の争いを調停した

There will be a reconciliation between the two countries.
2国間で調停ができるだろう

3 [claim, clam]

●叫ぶ

WORD ROOTS
クレーマー（claimer）の本来の意味は「文句を言う人」ではなく「権利を主張する人」。

☐ claim /kléim/ 動 主張する、要求する　名 主張、要求

He claimed that his answer was correct.
彼は自分の解答が正しいのだと主張した

His claim to be promoted to the post was quite legitimate.
その地位へ昇進させてほしいという彼の主張はまったく正当なものであった

☐ clamor /klǽmər/ 名 叫び　動 やかましく要求する

* clam ｛叫ぶ｝ ＋ or ｛名詞に｝

They clamored against the government's announcement.
彼らは政府の発表に対してやかましい反論を唱えた

☐ exclaim /ikskléim/ 動 声を上げる

* ex ｛外に｝ ＋ claim ｛叫ぶ｝ →外に向かって叫ぶ
　→名 **exclamation**　感嘆、絶叫

He exclaimed at the extraordinary price of the house.
彼は家の法外な値段に驚きの声をあげた

She uttered an exclamation of surprise.
彼女は驚きの叫び声をあげた

☐ **proclaim** /proukléim/ 動 宣言する、公布する、示す

＊ pro ｛前に｝ ＋ claim ｛叫ぶ｝ →みんなの前で叫ぶ
　→名 **proclamation** 宣告、公布

His pronunciation proclaimed that he was an Australian.
　発音から彼はオーストラリア人だとわかった

☐ **reclaim** /rikléim/ 動 取り戻す、回収する

＊ re ｛元へ｝ ＋ claim ｛叫ぶ｝ →元の場所に戻せと叫ぶ
　→名 **reclamation** 埋め立て、再利用のための回収

The team reclaimed the title from their rivals.
　そのチームは敵からタイトルを取り戻した

☐ **acclaim** /əkléim/ 名 大喝采、絶賛　動 喝采する、認める

＊ a(c) ｛～の方へ｝ ＋ claim ｛叫ぶ｝ →自分の方へと叫ぶ
　→名 **acclamation** 大喝采、歓喜

We receive trust and acclaim from our customers.
　お客様には信頼と絶賛を頂いています

☐ **disclaim** /diskléim/ 動 否認する

＊ dis ｛～でない｝ ＋ claim ｛叫ぶ｝

He disclaimed any responsibility for the accident.
　彼はその事故の責任を否認した

④ [close]

●閉じる

WORD ROOTS
収納庫・クローゼット（closet）を閉じる。

□ **close** /klóuz/ 動 閉じる   形 /klóus/ 近い、親密な

We have always been close friends.
私たちはずっと仲良しです

She sat on a chair close to the window.
彼女は窓の近くのイスに座った

Do you mind if I close the window?
窓を閉めてもいいですか

□ **closet** /klázit/ 名 押し入れ、戸棚、物置   動 密談する、閉じこもる

＊ close {閉じる} ＋ et {指小辞} →小さく閉じたもの

She's closeted with Smith.
彼女はスミスと密談中である

He came across some old documents in the closet.
彼は物置の中で偶然いくつかの古文書を見つけた

□ **clause** /klɔ́:z/ 名 条項、箇条、節

＊文を閉じることから

We demand that this clause be inserted in the contract.
契約書の中にぜひこの一項を入れてもらいたい

☐ **enclose** /inklóuz/ 動 取り囲む、同封する

＊ en ｛中に｝ ＋ close ｛閉じる｝
→名 **enclosure** 囲い込み

I'll enclose that reference data.
私はその参考資料を同封します

There are many kinds of animals inside this enclosure.
この囲いの中には何種類もの動物がいる

☐ **disclose** /dislóuz/ 動 明らかにする、開示する、暴露する

＊ dis ｛～でない｝ ＋ close ｛閉じる｝
→名 **disclosure** 開示、暴露

I'd like you to disclose that information.
あなたにその情報を開示していただきたい

The Tokyo District Court decided to start the assets disclosure procedure.
東京地方裁判所は財産開示手続の開始を決定した

☐ **closure** /klóuʒər/ 名 閉鎖、閉店、締め切り

＊ clos ｛閉じる｝ ＋ ure ｛名詞に｝

The mayor was against the closure of the mine.
市長は炭坑の閉鎖には反対であった

5 [count]
● 数える

WORD ROOTS
カウンター（counter）で数を数える。

□ **account** /əkáunt/ 图 計算、会計、勘定、口座、説明、報告
動 説明する、占める

* a(c) {〜の方へ} ＋ count {数える}

My salary is paid into my bank account.
給料は私の銀行口座に振り込まれる

There is no accounting for tastes.
好みは説明できない→たで食う虫も好きずき

□ **count** /káunt/ 動 数える、重要である、当てにする、期待する

Every vote counts.
一票でも大事だ

I count on your help.
あなたの援助を期待している

□ **uncountable** /ʌnkáuntəbl/ 形 無数の、数えられない

* un {〜でない} ＋ count {数える} ＋ able {できる}

The region has suffered uncountable tragedies.
その地域は数え切れない悲劇を被ってきた

☐ **accountable** /əkáuntəbl/ 形 説明責任のある、責任がある

＊ account｛説明｝＋ able｛できる｝

→名 **accountability** 責任があること

You are accountable for what you have done.
君は自分のしたことについて責任がある

The accountability of the management of the organization is held in question.
その組織の運営上の責任が問題視されている

☐ **accountant** /əkáuntənt/ 名 会計士、計理士

＊ account｛会計｝＋ ant｛人｝

She has qualifications as a certified public accountant.
彼女は公認会計士の資格を持っている

☐ **discount** /dískaunt/ 動 割引する　名 割引

＊ dis｛下に｝＋ count｛数える｝

We discount 10% for cash.
現金なら一割おまけします

Would you give me a discount on the price?
値引きしてくれませんか

☐ **recount** /rikáunt/ 動 物語る、詳しく述べる、列挙する

＊ re｛再び｝＋ count｛数える｝→何度も数える

He recounted all his adventures in South America.
彼は南米での冒険を全部詳しく語った

[cover]

● 覆う

WORD ROOTS
ティッシュケースを覆うカバー（cover）。

☐ **discover** /dискʌ́vər/ 動 発見する

* dis ｛〜でない｝ ＋ cover ｛覆う｝ →覆いを取る
  →名 **discovery** 発見

We'll change our way of thinking and discover a new niche industry.
私たちは発想を転換し、新たなすきま産業を見つけ出します

That discovery was quite accidental.
その発見は全くの偶然だった

☐ **cover** /kʌ́vər/ 動 覆う、及ぶ、含む、補う

Airlines are raising fares to cover the rising costs of fuel.
航空会社は燃料費の高騰を補うために運賃を上げようとしている

Does that price cover insurance?
その値段には保険が含まれますか

□ **recover** /rikʌ́vər/ 動 回復する

＊ re ｛再び｝ ＋ cover ｛覆う｝

→図 **recovery** 回復

Have you already recovered from jet lag?
時差ぼけから回復しましたか

I pray for your recovery.
私はあなたのご回復を祈ります

□ **covert** /kóuvərt/ 形 覆われた、密かな、隠された

＊ cover ｛覆う｝ ＋ t ｛された｝

There is nothing covert about it.
それには隠されたことは何もない→公然の事実です

□ **overt** /óuvərt/ 形 明白な、公然の

＊ covert の反意語から

The effects were neither overt nor compelling.
効果は明らかでもなく、説得力もなかった

□ **coverage** /kʌ́vəridʒ/ 名 報道（範囲）

＊ cover ｛覆う｝ ＋ age ｛名詞に｝

The story received front-page coverage.
その記事は第一面で報道された

□ **uncover** /ʌnkʌ́vər/ 動 明らかにする、暴露する

＊ un ｛でない｝ ＋ cover ｛覆う｝

The purpose of this study is to uncover the effect.
本研究の目的は効果を明らかにすることです

7 [custom]

●自分のもの

WORD ROOTS
自分の国の民族衣装は national costume。

□ **custom** /kʌ́stəm/ 图 習慣、引き立て、(複数形で) 関税

It is the custom in that country for women to marry young.
その国では女性が若くして結婚するのが習慣だ

She was stopped at customs and questioned.
彼女は税関で止められ尋問を受けた

□ **custom-made** /kʌ́stəmméid/ 图 注文品の、あつらえの

＊ custom ｛自分のもの｝ ＋ made ｛作られた｝ →自分用に作られた
→関連 图 **custom-built** 注文建築の

I want to order a custom-made kimono.
特注の着物を注文したい

He ordered custom-built furniture for his home.
彼は自宅用にオーダーメードの家具を注文した

□ **customary** /kʌ́stəmeri/ 图 習慣的な

＊ custom ｛習慣｝ ＋ ary ｛形容詞に｝

A 15% gratuity is customary and appreciated.
チップ 15%を頂戴致しております

☐ **customer** /kʌ́stəmər/ 图 客、常連客

＊ custom ｛引き立て｝ ＋ er ｛人｝

The customer is always right.
お客様は神様です

☐ **customize** /kʌ́stəmàiz/ 動 カスタマイズする、客の要求に合わせる

＊ custom ｛客｝ ＋ ize ｛動詞に｝

We can customize your car to suit your needs.
当店はお客様のニーズに合うよう、お車をカスタマイズできます

☐ **accustom** /əkʌ́stəm/ 動 慣れさせる

＊ a(c) ｛～の方へ｝ ＋ custom ｛習慣｝
→形 **accustomed** 慣れた、慣れて

You will soon accustom yourself to your new life.
新生活にすぐに慣れますよ

We were accustomed to working together.
私たちは一緒に働くことに慣れていた

☐ **costume** /kʌ́stjuːm/ 图 衣装、服装

＊自分で身につけるものから

This style of costume originated in Paris.
この服装様式はパリに始まった

8 [fac(t)]

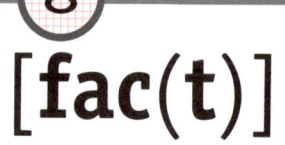

●作る

WORD ROOTS
事実（fact）は作られたことから。工場＝ファクトリー（factory）は作る（fact）場所（ory）から。

□ facile /fǽsil/ 形 容易な、安易な

* fac ｛作る｝ + ile ｛形容詞に｝
  → 名 **facility** 設備、施設、容易さ、器用さ

His idea was facile and unimaginative.
　彼の考えは安易で想像力がなかった

Money is being raised to build a new sports facility.
　新しいスポーツ施設の建設のために募金が行なわれている

□ factor /fǽktər/ 名 要因、要因、代理商

* fact ｛作る｝ + or ｛人｝

Money will be the key factor when we decide to buy a new house.
　新しい家を買おうと決める際は、お金が重要な要因になるだろう

□ faction /fǽkʃən/ 名 派閥、党派、党内の争い

* fact ｛作る｝ + ion ｛名詞に｝

His faction split off from the party.
　彼の派閥は党から離脱した

□ **manufacture** /mæ̀njufǽktʃər/ 動**製造する** 名**製造（業）**

＊ manu ｛手｝＋ fact ｛作る｝＋ ure ｛名詞に｝
→名 **manufacturer** 製造業者、メーカー

They manufacture small toys.
彼らは小さいおもちゃを製造している

She works for a manufacturer as a secretary.
彼女はメーカーで秘書として働いている

□ **facilitate** /fəsílətèit/ 動**容易にする、促進する**

＊ facile ｛容易な｝＋ ate ｛動詞に｝

Computers can be used to facilitate language learning.
語学学習を容易にするためにコンピュータが利用できる

□ **faculty** /fǽkəlti/ 名**才能、能力、機能、学部、教授団、教授会**

＊ facile ｛容易な｝＋ ty ｛名詞に｝

He has a faculty for mental arithmetic.
彼には暗算の才能がある

The faculty are meeting today.
今日は教授会がある

□ **facsimile** /fæksíməli/ 名**複写、ファクシミリ** 動**複写する**

＊ fac ｛作る｝＋ simile ｛似ている｝ →似たものを作る

A facsimile of the book from 1900 was published in February.
1900年の複写本が2月に出版された

⑨ [fic(t)]

●作る

WORD ROOTS
小説（fiction）は作り話。

□ **deficient** /difíʃənt/ 圏 不足している

＊ deficit ｛不足｝＋ ent ｛形容詞に｝
　→图 **deficiency**　不足

Your diet is deficient in vitamins.
　あなたの食事にはビタミンが不足している

I have anemia due to iron deficiency.
　私は鉄欠乏性の貧血です

□ **fiction** /fíkʃən/ 图 フィクション、作り事、小説

＊ fict ｛作る｝＋ ion ｛名詞に｝
　→圏 **fictional**　架空の

Although it is fiction, it is based on fact.
　それはフィクションだが事実に基づいている

The novel is set in the fictional German town of Kreiswald.
　その小説はクライスワルドというドイツの架空の町に設定されている

□ **deficit** /défəsit/ 图 不足、赤字

＊ de ｛下に｝＋ fic ｛作る｝＋ it ｛名詞に｝

The revenue deficit is expected to reach 2%.
　歳入不足額は 2% に達すると見込まれる

☐ **efficient** /ifíʃənt/ 圏 有能な、能率的な

* e(f) {～の方へ} + fic {作る} + ient {形容詞に}
→图 **efficiency**　能率、効率

For a successful business, friendly and efficient staff are essential.
ビジネスを成功させるためには、フレンドリーで有能なスタッフが不可欠だ

This car has good fuel efficiency.
この車は燃費がいい

☐ **sufficient** /səfíʃənt/ 圏 十分な

* su(f) {下に} + fic {作る} + ient {形容詞に}
→動 **suffice**　十分である、間に合う

The pension is not sufficient for our living expenses.
その年金は我々の生活費に十分ではない

Will $100 suffice for you?
100ドルで間に合いますか

☐ **proficient** /prəfíʃənt/ 圏 熟達した

* pro {前に} + fic {作る} + ient {形容詞に}
→图 **proficiency**　熟達

She is proficient in general office duties.
彼女は一般的な業務には熟達している

He has increased his proficiency in English.
彼は英語に熟達してきた

10 [fect]

●作る

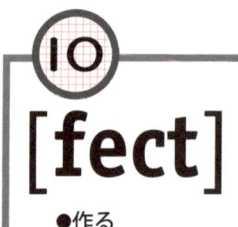

WORD ROOTS
ボウリングでパーフェクト。

□ **perfect** /pə́:rfikt/ 形 完璧な、申し分のない　動 /pərfékt/ 完全にする、熟達する

* per ｛通して｝ + fect ｛作る｝
→名 **perfection** 完璧、完成、円熟

Today is a perfect day for playing golf.
今日には絶好のゴルフ日和だ

The best way to perfect your Spanish is to live in a country where it's spoken.
スペイン語を熟達させる一番の方法は、それが話されている国に住むことだ

Always aim for perfection.
常に完璧を求めよ

□ **defect** /difékt/ 動 離脱する、脱走する　名 dí:fekt 欠点、欠陥

* de ｛下に｝ + fect ｛作る｝

She defected from the party.
彼女は離党した

No defect was found during the pre-flight inspection.
飛行前の検査では何の欠陥も見つからなかった

☐ **affect** /əfékt/ 動 影響を与える

＊ a(f) ｛〜の方へ｝ ＋ fect ｛作る｝

Smoking affects health.
喫煙は健康に影響を与える

☐ **effect** /ifékt/ 名 影響、効果

＊ e(f) ｛〜の方へ｝ ＋ fect ｛作る｝
→形 **effective** 効果的な

It takes a little while for the medicine to take effect.
その薬が効くのには少し時間がかかる

A guarantee becomes effective from a contract date.
保証は契約日から有効となる

☐ **infect** /infékt/ 動 汚染する、伝染する

＊ in ｛中に｝ ＋ fect ｛作る｝
→形 **infectious** 伝染性の

The area is infected with cholera.
その地域はコレラで汚染されている

Mumps is an infectious disease.
おたふくかぜは伝染病である

☐ **disinfect** /dìsinfékt/ 動 消毒する

＊ dis ｛〜しない｝ ＋ infect ｛汚染する｝
→名 **disinfection** 消毒

Disinfect the area thoroughly.
その地域を完全に消毒しなさい

[fall, fail]

● 朽ちる、落ちる

WORD ROOTS
レスリングでフォール（fall）とは、相手を倒して両肩を1秒間マットにつけること。

☐ **fail** /féil/ 動 失敗する、し損なう

→图 **failure** 失敗、落第、〜できないこと

Don't fail to let me know.
必ず知らせてください

He failed his entrance examination.
彼は入試に落ちた

I'll come tomorrow evening without fail.
明晩必ず伺います

His plans ended in failure.
彼の計画は失敗に終わった

☐ **fall** /fɔ́:l/ 動 落ちる、下がる 图 落下、低下、秋

The temperature fell to zero.
気温は0度に下がった

There has been a fall in oil prices.
石油価格が下落している

It's one of the heaviest falls of snow on record.
それは記録史上最大の降雪量だ

☐ **fallacy** /fǽləsi/ 图 誤った考え

＊ fall ｛落ちる｝ ＋ acy ｛名詞に｝

Don't believe the fallacy that money brings happiness.
お金は幸福をもたらすという誤った考えを信じてはいけない

☐ **false** /fɔ́ːls/ 圏 間違った、ウソの

→图 **falsehood** ウソ、虚偽

He gave a false name and address to the police.
彼はウソの名前と住所を警察に言った

Time reveals truth as well as falsehood.
時は虚偽のみならず真実も明らかにする

He declared the account in the papers to be false.
彼は新聞の記事は間違っていると明言した

☐ **befall** /bifɔ́ːl/ 動 起こる、降りかかる

＊ be ｛側に｝ ＋ fall ｛落ちる｝

Disasters befall us when we least expect them.
天災は忘れた頃にやってくる

☐ **fault** /fɔ́ːlt/ 图 欠点、欠陥、過ち、断層

It's not your fault.
それは君のせいじゃない

12 [fare]
●行く

WORD ROOTS
送別会はフェアウェルパーティ（farewell party）。

☐ **fare** /féər/ 图 運賃、料金　動 うまくやって行く

How much is the fare?
運賃はいくらですか

A one-week stay in Majorca costs $779 including air fare.
マジョルカ島の1週間の滞在は、航空運賃を含めて779ドルです

Although Chicago has fared better than some cities, unemployment remains a problem.
シカゴは他の数都市と比べるとうまくやっているが、失業率は未だに問題である

☐ **warfare** /wɔ́:rfèər/ 图 戦争、戦闘状態

* war ｛戦争｝ + fare ｛行く｝

Air power is the decisive factor in modern warfare.
空軍力は近代戦の決定的要素である

☐ **welfare** /wélfèər/ 图 福祉

* wel ｛良い｝ + fare ｛行く｝

He works at the welfare office.
彼は福祉事務所で働いている

□ **farewell** /fèərwél/ 图 別れ（の挨拶）

* fare｛行く｝＋ well｛元気で｝→元気で行ってらっしゃい

They held a farewell party for me.
彼らは私のためにお別れ会を開いてくれた

□ **thoroughfare** /θə́ːroufèər/ 图 道路、主要道路、通り抜け

* thorough｛完全な｝＋ fare｛行く｝

No thoroughfare.
通り抜け禁止．

□ **carfare** /káːrfèər/ 图 電車賃

* car｛車｝＋ fare｛行く｝

Travel expenses and carfare are regarded as tax-free income under the Income Tax Act.
旅費交通費は所得税法では非課税所得として見なされる

□ **workfare** /wə́ːrkfèər/ 图 勤労福祉制度、労働者再教育

* work｛労働｝＋ fare｛行く｝

The company announced it would no longer participate in workfare.
その会社は勤労福祉制度にはもう参加しないと発表した

13 [graph]

●書く、描く

WORD ROOTS
フォトグラフは光（photo）を使って描く（graph）器械。

□ **graph** /grǽf/ 图 グラフ、図表、図式

→圏 **graphic** 図で表した、生き生きした

This graph shows the amount of tourism revenue.
このグラフは観光収入の額を示しています

A bar graph is an easy way to compare numbers or values.
棒グラフは数や値を比較する簡単な方法だ

She gave us a graphic account of the scene.
彼女はその光景をありありと目に見えるように語った

□ **biography** /baiágrəfi/ 图 伝記

* bio ｛生命｝＋ graphy ｛書くこと｝ → 一生を書くこと

He is writing a biography of a famous poet.
彼はある有名な詩人の伝記を書いている

□ **autobiography** /ɔ̀:toubaiágrəfi/ 图 自叙伝

* auto ｛自らの｝＋ biography ｛自伝｝

Her autobiography will be published next month.
彼女の自叙伝は来月出版される

☐ **monograph** /mάːnəgræf/ 图 研究論文

* mono ｛1つ｝ + graph ｛書く｝ →一つのことを書く

He wrote a scientific monograph on moths and butterflies.
彼は蛾と蝶に関する科学論文を書いた

☐ **photograph** /fóutəgræf/ 图 写真

* photo ｛光｝ + graph ｛書く｝
→形 **photogenic** 写真写りのいい

Let's get our photograph taken.
写真を撮ってもらおう

She is very photogenic.
彼女は写真写りがとてもいい

☐ **calligraphy** /kəlígrəfi/ 图 書道

* call ｛美しい｝ + graph ｛書く｝ →美しく書く技術

He teaches calligraphy at high school.
彼は高校で書道を教えている

☐ **telegraph** /téligræf/ 图 電報、電信機

* tele ｛遠くに｝ + graph ｛書く｝ →遠くの人に書く

The kite has caught on a telegraph wire.
凧が電線にかかった

14 [habit, hibit]

●保つ、住む

WORD ROOTS
展示ホールはエキシビションホール (exhibition hall)。

□ **habit** /hǽbit/ 名 習慣、癖

＊自ら持つに至ったものから
　→形 **habitual** 習慣的な、常習的な

He is in the habit of taking a walk before breakfast.
　彼は朝食前に散歩をすることにしている

His drinking had become habitual.
　彼の飲酒は常習的になっていた

□ **habituate** /həbítʃuèit/ 動 慣らす

＊ habit {習慣} ＋ ate {動詞に}

I am habituated to getting up early.
　早起きには慣れています

□ **behave** /bihéiv/ 動 行動する、振る舞う

＊ be {強意} ＋ have {保つ}
　→名 **behavior** 振る舞い、態度

Keep quiet and behave well!
　静かにして行儀よくしなさい

His behavior was appropriate.
　彼の態度は適切だった

□ **exhibit** /iɡzíbit/ 動 展示する、示す　名 展覧会、展示品

＊ex ｛外に｝＋ hibit ｛保つ｝

You must exhibit leadership there.
あなたはそこでリーダーシップを発揮しなければならない

His painting was shown in that exhibit.
彼の絵がその展覧会に出品された

□ **exhibition** /èksəbíʃən/ 名 展覧会、展示会

＊ex ｛外に｝＋ hibit ｛保つ｝＋ ion ｛名詞に｝

When does the exhibition close?
展覧会はいつまでやっていますか

□ **inhibit** /inhíbit/ 動 妨げる、抑制する

＊in ｛中に｝＋ hibit ｛保つ｝

We're doing all we can to inhibit urban sprawl.
都市のスプロール現象を抑えるためにできるかぎりのことをしている

□ **prohibit** /prouhíbit/ 動 禁止する

＊pro ｛前に｝＋ hibit ｛保つ｝
→名 **prohibition**　禁止

Smoking is strictly prohibited.
喫煙は厳禁です

The first prohibition of slavery was in the mid-nineteenth century.
初めての奴隷制度禁止令は19世紀半ばに施行された

15 [habit]

●保つ、住む

WORD ROOTS
野鳥の生息地はハビタット (habitat)。

☐ **inhabit** /inhǽbit/ 動 住む、居住する、生息する

＊ in｛中に｝＋ habit｛住む｝

The site once was inhabited by the Ohlone Indians.
その場所はかつてオーロニインディアンが居住していた

A large number of deer inhabit this forest.
この森にはシカが多数生息している

☐ **habitat** /hǽbitæt/ 名 生息地、自生地

＊ラテン語の「住む」を意味する habitare の3人称単数現在形から

The planned site is the habitat of many wild birds.
その予定地は、多くの野鳥の生息地だ

☐ **habitable** /hǽbitəbl/ 形 住むのに適した

＊ habit｛住む｝＋ able｛できる｝
→名 **habitability** 居住適性

It would cost a fortune to make the place habitable.
その場所を住めるようにするには一財産がかかるだろう

☐ **habitation** /hæbitéiʃən/ 图 居住、住居

＊ habit｛住む｝＋ ate｛動詞に｝＋ ion｛名詞に｝

There is no sign of human habitation on the island.
この島には人が住んでいる形跡がない

☐ **inhabitant** /inhǽbətənt/ 图 居住者

＊ inhabit｛居住する｝＋ ant｛人｝

Nearly 36% of the inhabitants of Saudi Arabia are resident foreigners.
サウジアラビア住民の約36％が外国居住者である

☐ **cohabit** /kouhǽbit/ 動 同棲する

＊ co｛共に｝＋ habit｛住む｝
→图 **cohabitant** 同棲者
→图 **cohabitation** 同棲、共存

Only about one in three couples who cohabit end up getting married.
同棲している3組に1組しか結婚していない

16

[note, not]

●記す

WORD ROOTS
ノート（notebook）に予定を記す。

□ **noted** /nóutid/ 形 有名な

＊ note ｛記す｝ ＋ ed ｛～された｝ →記された

Nikko is noted for its scenic beauty.
日光は風光の美で有名である

□ **notable** /nóutəbl/ 形 注目に値する、著名な

＊ note ｛記す｝ ＋ able ｛できる｝

The area is notable for its scenery and wildlife.
その地域は風景と野生動物で注目に値する

□ **denote** /dinóut/ 動 示す、意味する

＊ de ｛下に｝ ＋ note ｛記す｝
→名 **denotation** 明示的意味

These signs denote that a political crisis is approaching.
これらの兆候は政治危機が接近していることを示している

☐ **connote** /kənóut/ 動 意味する、暗示する

＊ co(n) {共に} ＋ note {記す}
→名 **connotation** 言外の意味

Crime connotes punishment.
　犯罪は刑罰を暗示する

☐ **footnote** /fútnout/ 名 脚注

＊ foot {足} ＋ note {記す}

See the footnote on page 5.
　5ページ脚注を参照してください

☐ **notify** /nóutəfài/ 動 知らせる、通知する

＊ note {記す} ＋ ify {動詞に}
→名 **notification** 通知

I will notify you of the results.
　その結果をあなたに知らせます

I'm sorry for the delay in the notification.
　お知らせが遅くなりすみません

☐ **notorious** /noutɔ́ːriəs/ 形 悪名高い

＊ noto {記す} ＋ ious {形容詞に}

The city is notorious for its polluted air.
　その都市は大気汚染がひどいことで有名だ

17 [pain, pun, pen]

●痛み

WORD ROOTS
痛恨のペナルティーキック（penalty shoot）。

□ **punish** /pʌ́niʃ/ 動 罰する、処罰する

＊ pun ｛痛み｝ ＋ ish ｛動詞に｝
→名 **punishment** 処罰、刑罰

Those responsible for this crime will be severely punished.
犯罪を招いた人たちは厳格に処せられるべきだ

He deserves severe punishment.
彼は厳罰に値する

□ **pain** /péin/ 名 苦痛、痛み

→形 **painful** 痛い、苦しい

The pain is getting worse.
痛みが悪化している

That was a very painful incident.
それはとても痛ましい出来事だった

□ **penal** /píːnl/ 形 刑罰の、刑法の、過酷な

＊ pen ｛痛み｝ ＋ al ｛形容詞に｝

He was sentenced to ten years' penal servitude.
彼に懲役十年の判決が下された

penalty /pénəlti/ 图 刑罰、罰金、罰則

* penal {刑罰の} + ty {名詞に}

The penalty for illegal dumping is up to $1,000.
不法投棄の罰金は最大 1000 ドルです

repent /ri:pént/ 動 後悔する

* re {後ろへ} + pent {痛み}
  - → 图 **repentance** 後悔、悔恨
  - → 形 **repentant** 形 後悔している

He repented that he had made the same mistake.
彼は同じ間違いをしたことを悔やんだ

Repentance always comes too late.
後悔先に立たず

He's repentant of his sins.
彼は自分の犯した罪を悔いている

painstaking /péinztèikiŋ/ 形 骨の折れる、つらい

* pains {痛み} + taking {必要とする}

She educated her children with painstaking care.
彼女は自分の子どもを丹精して教育した

18 [part, port]

●分ける、部分

WORD ROOTS
車両を小さく分けた小部屋はコンパートメント（compartment）。

☐ **apart** /əpáːrt/ 副 別々に、わかれて

＊a｛～の方へ｝＋ part｛わける｝

My wife and I are living apart at the moment.
妻と私は今は別居している

What do you like doing apart from swimming?
水泳の他に、何をするのが好きですか

☐ **partner** /páːtnər/ 名 仲間、相手、共同経営者、配偶者

＊part｛分ける｝＋ er｛人｝

She's a partner in the business.
彼女はその事業の共同経営者だ

☐ **partnership** /páːtnəʃip/ 名 共同、協力、合名会社

＊partner｛相手｝＋ ship｛名詞に｝

I hope we can establish a business partnership with your company.
ぜひ貴社と戦略的パートナーシップを結びたいと考えています

☐ **depart** /dipɑ́:rt/ 動 出発する

* de {離れて} + part {わける}

The flight departs from Narita for Taipei at 5:00 p.m.
成田発台北行きの便は午後5時に出発します

☐ **departure** /dipɑ́:rtʃər/ 名 出発

* depart {出発する} + ure {名詞に}

You should be at the airport an hour before departure.
出発の1時間前には空港にいた方がいいでしょう

☐ **department** /dipɑ́:rtmənt/ 名 部門、部、局、省

* de {離れて} + part {わける} + ment {名詞に}

She is in charge of the Marketing Department.
彼女はマーケティング部の責任者だ

☐ **partial** /pɑ́:rʃəl/ 形 部分的な、偏った、大好きな

* part {わける} + ial {形容詞に}
→ 副 **partially** 部分的に

I'm very partial to ice cream.
私はアイスクリームには目がない

The attempt was only partially successful.
その試みは部分的にしか成功しなかった

☐ **impartial** /impɑ́:rʃəl/ 形 えこひいきしない、偏見のない、公平な

* im {〜でない} + partial {部分的な}

When dealing with children, she was always impartial.
子どもを扱う際、彼女は常に公平だった

19 [part, port]

● 分ける、部分

WORD ROOTS
パーテーション（partition）でオフィスを分ける。

☐ participate /pɑːrtísəpèit/ 動 参加する

* part ｛部分｝ ＋ cip ｛取る｝ ＋ ate ｛動詞に｝
→図 **participant** 参加者
→図 **participation** 参加

Over 300 local firms participated in the survey.
地元の 300 社以上がその調査に参加した

There were more than 50 participants in the contest.
そのコンテストには 50 人以上の参加者がいた

Thank you for your participation.
ご参加ありがとうございました

☐ partake /pɑːrtéik/ 動 参加する

* part ｛部分｝ ＋ take ｛取る｝

His family partakes in many church activities.
彼の家族は多くの教会活動に参加している

☐ **particle** /pάːrtikl/ 图 粒子、みじん

* part ｛わける｝ ＋ icle ｛小さい｝ →小さく わけたもの

There's not a particle of truth in what he says.
彼の言っている事には真実のみじんもない

☐ **particular** /pərtíkjulər/ 图 特別な、特定の

* particle ｛粒子｝ ＋ ar ｛形容詞に｝

Is there a particular type of car that you are looking for?
何か特定の車をお探しですか

☐ **portion** /pɔ́ːrʃən/ 图 一部、分け前、一人前

* port ｛わける｝ ＋ ion ｛名詞に｝

We will pay for everyone's portion together.
全員分まとめて支払いましょう

I've already ordered two portions of salad.
サラダ2人前はすでに注文しました

☐ **proportion** /prəpɔ́ːrʃən/ 图 比率、割合

* pro ｛前に｝ ＋ port ｛わける｝ ＋ ion ｛名詞に｝
  →图 **proportionate** 釣り合った、比例した
  →图 **proportional** 釣り合った、比例した

What is the proportion of men to women in your office?
あなたの会社の男女比はどれくらいですか

He took a harder job with a proportionate increase in pay.
彼は給料が増えた分、きつくなった仕事についた

⑳ [press]

●押す

WORD ROOTS
プレッシャー (pressure) に押さえつけられる。

□ **express** /ɪksprés/ 動 表現する 名 急行(列車)、速達

* ex {外に} + press {押す} →押し出す
  →名 **expression** /ɪkspréʃn/

Express in simple terms your reasons for applying.
簡単な言葉で応募の理由を述べなさい

He decided to go to the meeting as an expression of support.
彼は支持を表すために会議に行くことを決心した

Send these books by express.
これらの本を速達で送ってください

□ **depress** /diprés/ 動 下落させる、意気消沈させる

* de {下に} + press {押す} →押し下げる
  →名 **depression** /dipréʃn/ 不景気、意気消沈

Several factors combined to depress the American economy.
いくつかの要因が重なってアメリカ経済を不振にさせた

The country is now in the middle of a depression.
その国は今や不景気のまっただ中にある

☐ **oppress** /əprés/ 動 抑圧する、苦しめる

＊ op｛対して｝＋ press｛押す｝→押し当てる

The Prime Minister was oppressed by financial problems.
首相は経済問題に苦しめられた

☐ **impress** /imprés/ 動 印象づける

＊ im｛上に｝＋ press｛押す｝→押しつける
→图 **impression** 印象
→形 **impressive** 印象的な

What impressed the judges most was the originality of the dancers' performance.
審査員たちを印象づけたのは、ダンサーの演技の独創性だった

When it comes to job interviews, first impressions are important.
就職の面接のことになると、第一印象が重要になってくる

Where in Taiwan was the most impressive?
台湾のどこが一番印象的でしたか

☐ **compress** /kəmprés/ 動 圧縮する

＊ com｛共に｝＋ press｛押す｝→みんなで押す

The program compresses any data saved to the disk.
そのプログラムはディスクに保存されたデータを全て圧縮する

☐ **suppress** /səprés/ 動 静める、隠す

＊ sup｛下に｝＋ press｛押す｝→押し下げる

The police were accused of suppressing evidence.
警察は証拠隠滅で告発された

21 [prove, prob]

●認める

WORD ROOTS
水にぬれても大丈夫なことを証明する water-proof（ウォータープルーフ）。

□ **prove** /prúːv/ 動 証明する、〜だとわかる

→名 **proof** 証拠

I can prove my alibi.
私はアリバイを証明できます

The project proved to be a success.
その計画は成功だとわかった

The police knew she was guilty, but they had no proof.
警察は彼女が有罪であることはわかっていたが、証拠がなかった

□ **improve** /imprúːv/ 動 上達する、改善する

＊ im ｛中に｝ ＋ prove ｛認める｝ →認める方向へ行く

→名 **improvement** 上達、改善

How did you improve your English?
どうやって英語を上達させたのですか

The situation is capable of improvement.
事態は改善の余地がある

approve /əprúːv/ 動 是認する、承認する

* a(p) {〜の方へ} + prove {認める} →認める方向へ行く
  →名 **approval** 是認、承認

The committee approved the budget.
委員会は予算案を承認した

I submitted those approval documents.
私は稟議書を提出した

---

reprove /riprúːv/ 動 叱る、叱責する、非難する

* re {後ろへ} + prove {認める}

The teacher reproved the student for being late for school.
先生は生徒の遅刻を叱った

---

probable /prábəbl/ 形 ありそうな、おこりそうな

* prob {認める} + able {できる}
  →副 **probably** 多分、十中八九
  →名 **probability** 見込み、可能性

It seems probable that the election will be held in May.
選挙が5月に行なわれるようだ

This is probably the best movie that I've ever seen.
これはおそらく今まで観た映画で一番でしょう

There is a strong probability that the problem will recur if we do not deal with it now.
今対処しなければ、その問題が再発する可能性が高い

---

probe /próub/ 動 (厳密に) 調べる、探る

He didn't like the media probing into his past.
彼は過去のことをメディアに詮索してほしくなかった

22 [sense, sent]

●感じる

WORD ROOTS
センサー（sensor）は感じ取る器械。

□ **sense** /séns/ 图 感覚、気持ち、思慮、意味　動 感じる、理解する

I can't sense your meaning.
あなたの言いたいことが理解できない

What you say doesn't make sense.
あなたの言っていることは意味を成していない

I can't understand his sense of humor.
彼のユーモアの感覚が理解できない

□ **sensitive** /sénsətiv/ 形 感受性の強い

＊ sens {感じる} ＋ tive {形容詞に}
→ 関連 形 **sensible** 賢明な、分別のある

She is such a sensitive girl.
彼女は感受性の強い女性です

He gave me some very sensible advice.
彼は私にとても賢明なアドバイスをしてくれた

☐ **assent** /əsént/ 動賛成する 名賛成

＊ a(s) ｛〜の方へ｝＋ sent ｛感じる｝→人に感じ入る

He assented to the proposal.
彼はその提案に賛成した

With one accord they shouted their assent.
彼らは一斉に叫んで同意を表した

☐ **dissent** /disént/ 動意義を表す 名異議

＊ dis ｛〜でない｝＋ sent ｛感じる｝

He expressed his dissent in a contrary opinion.
彼は反対意見の中で異議を表明した

Few scientists would dissent from this view.
この考えに反対する科学者はほとんどいない

☐ **consent** /kənsént/ 動同意する 名同意

＊ con ｛共に｝＋ sent ｛感じる｝

The young couple got married without their parents' consent.
その若いカップルは両親の同意を得ずに結婚した

My father reluctantly consented to our marriage.
父は私たちの結婚に渋々同意した

☐ **resent** /rizént/ 動憤慨する

＊ re ｛再び｝＋ sent ｛感じる｝
→名 **resentment** 憤慨
→形 **resentful** 憤慨する、怒った

We resented his rude attitude.
私たちは彼の失礼な態度に腹が立った

I felt resentful about what she had said.
彼女の言ったことに憤慨した

23

[serve]
● 保つ

WORD ROOTS
貯蔵庫にリザーブ（reserve）する。

□ **serve** /sə́ːrv/ 動 仕える、役立つ、出す

→ 图 **service** 役立つこと、便、サービス、兵役
→ 图 **servant** 使用人

Dinner will be served during the flight
機内食が出されます

There is no bus service available in this area.
この辺にはバスの便はありません

Our aim is to provide the best service at the lowest price.
私たちの目的は、最大の安価で最高のサービスを提供することです

Both of his parents are civil servants.
彼の両親は2人とも公務員です

□ **reserve** /rizə́ːrv/ 動 予約する、保存する

* re ｛後ろへ｝ + serve ｛保つ｝
→ 图 **reservation** 予約

Will you reserve a table for three at 6:00 p.m?
午後の6時に3人予約してくれますか

Can I make a hotel reservation here?
ここでホテルの予約ができますか

☐ **conserve** /kənsə́ːrv/ 動 保存する

＊ con ｛共に｝ ＋ seve ｛保つ｝
　→图 **conservation**　保存、管理

Recycling helps conserve natural resources.
　リサイクルは天然資源の保存を促進する

Tuna conservation is an international issue.
　マグロの保護は国際問題だ

☐ **conservative** /kənsə́ːrvətiv/ 形 保守的な、控えめな

＊ conserve ｛保存する｝ ＋ tive ｛形容詞に｝

His opinion is conservative.
　彼の意見は保守的だ

At a conservative estimate, he'll be earning $500,000.
　控えめに見ても、彼は50万ドルは稼いでいるだろう

☐ **observe** /əbzə́ːrv/ 動 観察する、遵守する

＊ ob ｛対して｝ ＋ serve ｛保つ｝
　→图 **observation**　観察、遵守

I like to observe people at work.
　私は仕事中の人たちを観察するのが好きだ

He has sharp observation skills.
　彼は鋭い観察眼を持っている

☐ **preserve** /prizə́ːrv/ 動 保存する、維持する

＊ pre ｛前に｝ ＋ serve ｛保つ｝
　→图 **preservation**　保存、維持

This vase has been preserved intact.
　この花瓶は手つかずのまま保管されている

He has dedicated his life to the preservation of nature.
　彼は一生を自然保護のためにささげた

24 [tail]

● 切る

WORD ROOTS
生地を切って服を作る仕立屋はテイラー（tailor）。

□ **retail** /ríːteil/ 图小売り　形小売りの　副小売りで　動小売りされる

* re {再び} ＋ tail {切る}

We sell 40% cheaper than the recommended retail price.
メーカー希望小売価格から4割引きで販売致します

The wine retails at £10 a bottle.
そのワインは1ビン10ポンドで小売りされる

I bought this retail.
これを小売価格で買いました

□ **tail** /téil/ 图尾、尻尾

I can't make head or tail of the passage.
この一節の意味がさっぱりわからない

☐ **detail** /ditéil/ 图詳細　動詳しく述べる、列挙する

＊ de {完全に} ＋ tail {切る}
→形 **detailed** 詳しい

Will you explain it in detail?
詳しく説明してくれますか

The brochure details all the hotels in the area and their facilities.
そのパンフレットには、その地域の全てのホテルとその施設が列挙されている

Will you give us a more detailed explanation?
もっと詳しい説明をしてくれますか

☐ **tailor** /téilər/ 動服を仕立てる、合わせる　图仕立屋

＊ tail {切る} ＋ or {人}

Tailor your lecture to the audience.
聴衆に合った講演をしなさい

☐ **curtail** /kə̀:rtéil/ 動削減する、切りつめる

＊ cur {短く} ＋ tail {切る}

Budget cuts forced schools to curtail the program.
学校は予算の削減で計画を抑えざるを得なかった

☐ **entail** /intéil/ 動必要とする、課す

＊ en {中に} ＋ tail {切る}

The project will entail great expense to the company.
その計画は会社に多額の出費を負わせるでしょう

25

[tain, tend, tent]

●保つ、伸ばす

WORD ROOTS
コンテナ（container）は保存容器。

☐ **maintain** /meintéin/ 動 維持する、持続する、主張する

* main ｛手｝ ＋ tain ｛保つ｝

→名 **maintenance**　維持、持続、補修管理

The two countries have always maintained close relations.
2国は常に親密な関係を維持してきた

I knew nothing about car maintenance when I first bought my car.
車を初めて買った時は、車のメンテナンスについては何も知らなかった

☐ **contain** /kəntéin/ 動 含む、入る

* con ｛共に｝ ＋ tain ｛保つ｝

Her report contained some interesting suggestions.
彼女の報告書には興味深い提案がいくつか含まれていた

☐ **obtain** /əbtéin/ 動 手に入れる、獲得する

* ob ｛近くで｝ ＋ tain ｛保つ｝

Maps and guides can be obtained at the tourist office.
観光案内所で地図とガイドブックが入手できる

☐ **entertain** /èntərtéin/ 動 楽しませる、接待する

＊ enter ｛中に｝ ＋ tain ｛保つ｝
 →名 **entertainment**　歓待、もてなし、宴会

About a fourth of their income is spent on entertaining clients.
彼らの収入の約4分の1は接待費に使われる

☐ **attain** /ətéin/ 動 達成する、到達する

＊ a(t) ｛〜の方へ｝ ＋ tain ｛保つ｝

India attained independence in 1947.
インドは1947年に独立した

☐ **sustain** /səstéin/ 動 被る、維持する、支える

＊ su(s) ｛下で｝ ＋ tain ｛保つ｝
 →形 **sustainable**　持続可能な

The company has sustained heavy financial losses this year.
その会社は今年、重い財政損失を被った

Sustainable growth speed is an important factor for corporate management.
持続可能な成長スピードは、企業経営にとって重要な要素である

☐ **pertain** /pərtéin/ 動 適する、属する、関係する

＊ per ｛通して｝ ＋ tain ｛保つ｝
 →形 **pertinent**　適切な

Those laws no longer pertain.
それらの法律はもはや適用されない

He asked me a lot of very pertinent questions.
彼は私にたくさんの適切な質問をした

26 [tain, tend, tent]

●保つ、伸ばす

WORD ROOTS
テンダーロイン（tenderloin）のステーキは柔らかい（tender）腰部（loin）の肉。

□ **attend** /əténd/ 動 出席する、通う、世話をする、注意する

* a(t) ｛〜の方へ｝ ＋ tend ｛伸ばす｝
  →图 **attention** 注意、注目
  →图 **attendance** 出席、参加者

More than 500 people attended the conference.
500人以上が会議に出席した

Who attends to the baby when you are away?
あなたの留守中、誰が赤ちゃんの世話をするの？

He paid no attention to me.
彼は私を完全に無視した

There was a large attendance at the conference.
会議には参加者がたくさんいた

□ **tend** /tend/ 動 傾向がある、〜しがちである

→图 **tendency** 傾向

Young children tend to get sick more often than adults.
幼い子供は大人よりも病気になりやすい

There is an increasing tendency for women to have children later in life.
女性が高齢出産する傾向が高まっている

□ **intend** /inténd/ 動意図する、〜するつもりだ

＊in ｛に向かって｝＋ tend ｛伸ばす｝
→图 **intention** 意図

I intend to do my best.
最善を尽くすつもりです

The government announced its intention to create 50,000 jobs by the end of the year.
政府は年末までに5万の雇用を創出する意図を公表した

□ **tender** /téndər/ 動提出する 形柔らかい

＊手を伸ばすことから「提出する」に

He tendered his resignation on Friday.
彼は金曜日に辞表を提出した

Continue cooking until the meat is tender.
柔らかくなるまで調理し続けること

□ **contend** /kənténd/ 動競う、争う

＊con ｛共に｝＋ tend ｛伸ばす｝

They contended with each other for the prize.
彼らはその賞を目ざして互いに競い合った

□ **content** /kántent/ 图内容 形 kəntént 満足する

＊con ｛共に｝＋ tent ｛保つ｝

People pay as much attention to your voice as to the content of your speech.
人はあなたのスピーチの内容と同じようにあなたの声にも注目します

He seemed content with the results.
彼はその結果に満足しているようだった

27 [tain, tend, tent]

●保つ、伸ばす

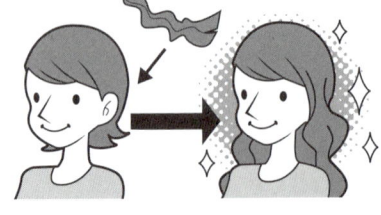

WORD ROOTS
エクステ（extension）で髪を伸ばす。

□ **extend** /iksténd/ 動 広げる、延長する

＊ ex ｛外に｝＋ tend ｛伸ばす｝
→名 **extension** 拡張、延長、建て増し、内線

The government has extended the ban on the import of beef until July.
政府は牛肉の輸入禁止を7月まで延長した

They built an extension to the office.
彼らは事務所に建て増しをした

May I have extension 101, please?
内線の101をお願いします

□ **extent** /ikstént/ 名 程度、広がり

＊ ex ｛外に｝＋ tent ｛伸ばす｝
→形 **extensive** 広い、広範な

Government inspectors will assess the extent of the damage.
政府の調査官は損害の程度を算定するだろう

This product range has an extensive lineup.
この商品には幅広いラインナップがある

□ **pretend** /priténd/ 動 ふりをする

＊ pre {前に} ＋ tend {伸ばす}
→名 **pretense** 見せかけ、ふり

She pretended to be ill and took a day off work.
彼女は仮病を使って1日休暇を取った

He made a pretense that he knew the fact.
彼は事実を知っているふりをした

□ **tense** /téns/ 形 緊迫した、張りつめた

The negotiations became increasingly tense as the weeks went by.
数週間が経過するにつれて交渉はますます緊迫してきた

□ **intense** /inténs/ 形 激しい、強烈な、猛烈な

＊ in {向かって} ＋ tense {伸ばす}
→名 **intensity** 激しさ

The job demands intense concentration.
その仕事は猛烈な集中力を要する

The intensity of the hurricane was frightening.
そのハリケーンの激しさは驚くべきものだった

□ **intensive** /inténsiv/ 形 激しい、強い、集約的な

＊ in {向かって} ＋ tens {伸ばす} ＋ ive {形容詞に}

As economy develops, labor-intensive industries give way to capital-intensive industries.
経済が発展すると、労働集約産業は資本集約産業に取って代わられる

28 [test]

●証言する

WORD ROOTS
コンテスト（contest）は共に（con）証人（test）となり争うこと。

□ **contest** /kəntést/ 動 争う、競う 名 kɑ́ntest コンテスト、競争、競技

＊ con ｛共に｝ ＋ test ｛証言する｝
　→名 **contestant** 競技者、出場者

He won the pub's karaoke contest.
彼はパブのカラオケコンテストで優勝した

The ruling party will contest 158 seats in the coming election.
与党は次の選挙で 158 議席を争うことになる

Each contestant has to answer questions on a variety of subjects.
各出場者は様々な科目に関する質問に答えなければならない

□ **attest** /ətést/ 動 証明する、証言する

＊ a(t) ｛～の方へ｝ ＋ test ｛証言する｝

The fingerprints on the knife attest to his guilt.
ナイフの指紋が彼の有罪の証拠である

☐ **detest** /ditést/ 動 ひどく嫌う

＊ de｛離れて｝＋ test｛証言する｝

I detested spending two hours every day commuting to work.
毎日2時間を通勤に費やすことが本当に嫌だった

☐ **protest** /prətést/ 動 主張する、抗議する 名 próutest 抗議、異議

＊ pro｛前で｝＋ test｛証言する｝

The prisoners held hunger strikes in protest against their living conditions.
受刑者たちは生活環境に抗議するため、ハンガーストライキを行なった

Throughout the trial he protested his innocence.
裁判の間ずっと彼は無実を主張し続けた

☐ **testify** /téstəfài/ 動 証言する、証明する

＊ test｛証言する｝＋ ify｛動詞に｝

He was summoned to testify before a grand jury.
彼は大陪審の前で証言するよう召喚された

☐ **testimony** /téstəmòuni/ 名 証言

＊ test｛証言する｝＋ mony｛名詞に｝

The grand jury today heard testimony from numerous witnesses.
今日、大陪審はたくさんの証人からの証言を聞いた

☐ **testament** /téstəmənt/ 名 証明するもの、遺書、遺言、聖書

＊ test｛証言する｝＋ ment｛名詞に｝

The aircraft's safety record is a testament to its designers' skill.
その飛行機の安全記録は、設計者たちの技術を証明している

29 [vise, view, vey]

●見る

WORD ROOTS
海 (ocean) が見える (view) オーシャンビューホテル (ocean view)。

☐ survey /sərvéi/ 動 調査する 名 調査

* sur {上に} + vey {見る} →上から見る
  → 関連 名 **surveillance** 監督、監視

Of the 1007 people surveyed, 74% supported the decision.
調査された 1007 人のうち、74% がその決定を支持した

A recent survey showed 66% of those questioned were in favor of the plan.
最近の調査では、アンケートに答えた 66% の人たちがその計画に賛成だった

The suspects were kept under surveillance.
容疑者たちは監視されていた

☐ view /vjú:/ 名 視野、視界、眺め、見解

The room has a good view of the sunset.
この部屋は夕日がよく見える

What's your view on the subject?
そのテーマに関するあなたの意見はどうですか

□ **review** /rivjúː/ 動 復習する、批評する、再調査する 名 復習、批評、報告

＊ re ｛再び｝＋ view ｛見る｝

Let's quickly review what we have learned so far.
ここまで学んだことをざっと復習してみましょう

She sent us her review of the research.
彼女は私たちに調査の報告書を送ってくれた

□ **preview** /príːvjuː/ 名 予告編、試写会

＊ pre ｛前に｝＋ view ｛見る｝

The movie was partly re-edited after being previewed by critics.
その映画は批評家に試写されてから一部再編集された

I wanted to see the movie after a quick preview.
短い予告編を見たら、その映画が見たくなった

□ **interview** /íntərvjùː/ 名 インタビュー、会見、面接

＊ inter ｛間に｝＋ view ｛見る｝
→ 関連 名 **interviewer** インタビューする人
　　　 名 **interviewee** インタビューされる人

Thank you for coming to our interview today.
本日は当社の面接にお越しいただきましてありがとうございます

□ **purview** /pə́ːrvjuː/ 名 範囲

＊ pur ｛=pro 前に｝＋ view ｛見る｝

Such things are not within the reasonable purview of technology.
そのようなことは科学技術でできる範囲を越えている

第5章 基本単語から連想する英単語

30 [vise, view, vey]

●見る

WORD ROOTS
television（テレビ）は「遠く（tele）を観る（vision）」ことから。

□ **visible** /vízəbl/ 形 目に見える、明らかな

＊ vis {見る} ＋ ible {できる}

→名 **visibility** 視界、見える範囲

Mt. Fuji is dimly visible in the distance.
遠くに富士山がかすかに見える

Most modern planes can land in zero visibility.
現代の飛行機の大部分は、視界が０でも着陸することができる

□ **vision** /víʒən/ 名 視力、視覚、洞察力

＊ vis {見る} ＋ ion {名詞に}

My vision has gotten weaker.
視力が弱くなった

Our president is a person of vision and strong will.
うちの社長は洞察力と強い意志がある人です

☐ **invisible** /invízəbl/ 形 目に見えない

＊ in {〜でない} ＋ visible {見える}

There is an invisible information code in the picture.
その絵の中には目に見えない情報コードがある

☐ **revise** /riváiz/ 動 修正する、改訂する、校正する

＊ re {再び} ＋ vise {見る}
→名 **revision** 修正、改訂、校正

I want you to revise it.
あなたにそれを修正してもらいたい

☐ **supervise** /súːpərvàiz/ 動 監督する

＊ super {上に} ＋ vise {見る} →上から見渡す
→名 **supervision** 監督
→名 **supervisor** 監督者

He is always ready to supervise the editing of my book.
彼はいつも私の本の監修を喜んでしてくれる

He is my direct supervisor.
彼は私の直属の上司です

☐ **envy** /énvi/ 動 羨む

＊ en {中に} ＋ vy {見る}
→形 **envious** 羨ましい

I envy you.
羨ましいです

I'm envious of her beauty.
彼女の美しさが羨ましい

31 [vote, vow]

● 誓う

WORD ROOTS
バウチャー（voucher）は割引券・引換券・金券などの価値を保障するもの。

□ **vote** /vóut/ 動 投票する 名 投票

→ 名 **voter** 投票者

I haven't decided who I'm going to vote for.
まだ誰に投票するか決めていません

Both sides expect a close vote.
双方は僅差の投票結果を予想している

The voter turnout was distressingly low.
投票率は悲惨なほど低かった

□ **devote** /divóut/ 動 捧げる、専念させる

* de｛完全に｝＋ vote｛誓う｝

→ 形 **devoted** 献身的な
→ 名 **devotion** 献身、専念、忠誠

He devoted his energies to writing novels.
彼は小説を書くことに精力をささげた

He's devoted to golf.
彼はゴルフに熱中している

The Senator avowed his devotion to his constituents.
その上院議員は自分の選挙区の人々のために一身を捧げると公言した

□ **vow** /váu/ 動 誓う 图 誓い

I vow never to smoke again.
もう二度と喫煙をしないことを誓います

I am under a vow of silence.
秘密を守ることを誓います

□ **avow** /əváu/ 動 公言する、認める

＊a ｛〜の方へ｝＋ vow ｛誓う｝
→图 **avowal** 公言、明言

He is an avowed anti-communist.
彼は反共産主義者と公言している

□ **vouch** /váutʃ/ 動 保証する

I will vouch for his character.
彼の人柄については私が保証します

□ **voucher** /váutʃər/ 图 保証人、クーポン

＊vouch ｛保証する｝＋ er ｛人、もの｝

She received a voucher for 20% off.
彼女は 20%引きのクーポンをもらった

第6章

動詞的な意味を持つ語根から連想する英単語

1 [act, agi, age]
●行なう

WORD ROOTS
海のスポーツはマリーンアクティビティー（marine activity）。

□ **act** /ækt/ 動 行動する、出演する、効く 名 行ない、法令

→ 名 **action** 行動

It takes a couple of minutes for the drug to act.
薬が効くのに数分かかる

Think before you act.
行動する前に考えなさい

Some senators are urging military action.
軍事行動を強く主張している上院議員もいる

□ **active** /ǽktiv/ 形 活動的な、積極的な、元気な

＊ act ｛行なう｝ ＋ ive ｛形容詞に｝

She is over 80, but she's still very active.
彼女は80歳を超えているがまだとても元気だ

□ **actual** /ǽktʃuəl/ 形 実際の、事実上の

＊ act ｛行なう｝ ＋ ual ｛形容詞に｝
→副 **actually** 実際、実は

The party took place three days before his actual birthday.
実際の誕生日より3日前にパーティが行なわれた

Actually, I have a hangover.
実は二日酔いです

□ **activate** /ǽktəvèit/ 動 活動的にする、促進する

＊ active ｛活動的な｝ ＋ ate ｛動詞に｝
→名 **activity** 活動

The process is activated by sunlight.
そのプロセスは日光で促進させられる

There are clubs and other extracurricular activities at the school.
学校ではクラブやその他の課外活動がある

□ **exact** /igzǽkt/ 形 正確な、適確な

＊ ex ｛外に｝ ＋ act ｛行なう｝
→副 **exactly** まさに、正確に、その通り

It is difficult to determine the exact number of homeless people.
ホームレスの正確な数を判定するのは難しい

That is exactly what I want.
それはまさに私が欲しいものです

□ **counteract** /kàuntərǽkt/ 動 中和する、和らげる

＊ counter ｛対して｝ ＋ act ｛行なう｝

These exercises aim to counteract the effects of stress and tension.
この運動の狙いは、ストレスと緊張の影響を和らげることにある

2 [act, agi, age]
●行なう

WORD ROOTS
諜報活動を行なうスパイは secret agent。

□ **enact** /inækt/ 動 制定する、規定する

＊ en ｛中に｝ ＋ act ｛行なう｝

A law was enacted regarding the restrictive use of guns.
銃の使用を制限する法律が制定された

□ **transact** /trænsækt/ 動 取引を行なう、処理する

＊ trans ｛越えて｝ ＋ act ｛行なう｝
→图 **transaction** 処理、取り扱い、取引

Most deals are transacted over the phone.
大部分の取引は電話で行なわれる

The transaction is not completed yet.
その取引はまだ未決済だ

□ **interact** /intəræekt/ 動 相互に影響し合う、交流する

＊ inter ｛間に｝ ＋ act ｛行なう｝
→图 **interaction** 交流

I couldn't interact with customers in English.
私は英語で接客することが出来なかった

He likes intercultural interaction.
彼は異文化交流が好きだ

☐ **agitate** /ǽdʒitèit/ 動 扇動する、かき乱す

＊agi｛行なう｝＋ ate｛動詞に｝
 →图 **agitation** 動揺、興奮
 →图 **agitator** 扇動者

The employees are agitating for higher pay.
 従業員たちは賃上げを求めて運動している

His agitation was so great he could hardly speak.
 彼の興奮は相当なものでしゃべることもできなかった

The students were animated by the agitator's appeal.
 学生達は扇動者の訴えに動かされた

☐ **agenda** /ədʒéndə/ 图 議題

＊ラテン語で「なされるべきこと」から

Have you got a copy of the agenda for tomorrow's meeting?
 明日の会議の議題のコピーをもらいましたか

☐ **agent** /éidʒənt/ 图 代理店、代理人、スパイ

＊ag｛行なう｝＋ ent｛人｝
 →関連 图 **agency** 代理店、取次店、仲介、斡旋

Our agent in New York deals with all US sales.
 ニューヨークの代理店がアメリカの全売上げを扱っている

Our company is a staff agency.
 我が社は人材斡旋会社である

3

[auc, aug, auth]

●増える

WORD ROOTS
段々と値が上がっていくオークション（auction）。

□ **auction** /ɔ́ːkʃən/ 图オークション 動オークションにかける

* auc ｛増える｝ + tion ｛名詞に｝

His house was sold at auction.
彼の家はオークションで売られた

The contents of the house were auctioned to pay off the family's debts.
その家庭の借金返済のために、家にあったものがオークションにかけられた

□ **auctioneer** /ɔ̀ːkʃəníər/ 图競売人

* auction ｛オークションにかける｝ + eer ｛人｝

The price, with auctioneers' commission, was $10,000,000.
競売手数料込みの値段は 10,000,000 ドルだった

□ **author** /ɔ́ːθər/ 图著者、作家

* auth ｛増える｝ + or ｛人｝
→ 関連 图 **authorship** 著述業、著者であること、出所

Murakami Haruki is one of my favorite authors.
村上春樹は私の好きな作家の1人だ

The authorship of this book remains unknown.
この本の著者が誰であるかは不明である

authority /əθɔ́:rəti/ 图 権限、権威（者）

＊ auth｛増える｝＋ ity｛名詞に｝→力を増すこと

The airline has been given authority to fly to several U.S. destinations.
その航空会社は複数のアメリカの目的地へ飛行の権限を与えられた

Mr Li is a leading authority on Chinese food.
リー氏は中国料理の第一級の権威者だ

authorize /ɔ́:θəràiz/ 動 認可する、公認する、権限を与える

＊ authority｛権限｝＋ ize｛動詞に｝

→形 **authorized** 認定の、検定済みの

The law authorizes police officers to carry guns.
法律によって警察官は銃を携帯することが公認されている

This is not an authorized textbook.
これは検定済みの教科書ではない

augment /ɔ:gmént/ 動 増やす、増える

She took a second job to augment her income.
彼女は収入を増やすために、副業を始めた

④ [aud(it), ey]

●聴く、従う

WORD ROOTS
歌手・俳優などを起用する際に行なう審査が
オーディション（audition）。

□ **audition** /ɔːdíʃən/ 图 オーディション、聴覚　動 オーディションを行なう

* audit ｛聴く｝ + ion ｛名詞に｝

Congratulations on passing the audition.
オーディション合格おめでとう

□ **audit** /ɔ́ːdit/ 图 会計検査、監査　動（会計を）検査する、聴講する

* audit ｛聴く｝

They are going to have an audit next week.
彼らは来週、監査を受ける

We requested an audit from an external accountant.
私たちは外部の会計士に監査を依頼した

□ **obedient** /oubíːdiənt/ 形 従順な、素直な

* obey ｛従う｝ + ient ｛形容詞に｝
  →图 **obedience**　従順、服従

His dog is very obedient and easy to control.
彼の犬は非常に従順で、扱いやすい

He has acted in obedience to the law.
彼は法に従って行動した

☐ **audible** /ɔ́:dəbl/ 形 聞こえる

＊ aud ｛聴く｝＋ ible ｛できる｝

Frequencies from 20 to 20,000 Hz are audible to the human ear.
20 から 20000 ヘルツの周波数は人間の耳に聞こえる

☐ **obey** /oubéi/ 動 従う、服従する

＊ ob ｛対して｝＋ ey ｛聴く｝

Do you obey every traffic law every day?
毎日、すべての道路交通法を順守していますか

☐ **disobey** /dìsəbéi/ 動 従わない、背く

＊ dis ｛〜でない｝＋ obey ｛従う｝

Protestors disobeyed the law and blocked the city's main roads.
抗議者たちは法に従わず、都市の主要道路を閉鎖した

☐ **audience** /ɔ́:diəns/ 名 聴衆、観衆

＊ audi ｛聴く｝＋ ence ｛名詞に｝

The audience consisted mainly of young girls under sixteen.
聴衆は主に 16 歳以下の若い女性から構成されていた

☐ **auditorium** /ɔ̀:dətɔ́:riəm/ 名 聴衆席、観客席、講堂

＊ audit ｛聴く｝＋ orium ｛場所｝

The auditorium was packed to capacity.
聴衆席は超満員だった

5

[cept, ceipt]

● つかむ

WORD ROOTS
レジでレシート（receipt）を受け取る。

□ **accept** /æksépt/ 動 受け入れる、認める

* a(c) ｛〜の方へ｝ + cept ｛つかむ｝
 → 名 **acceptance** 受諾、容認
 → 形 **accepted** 容認された、認められた

The company has finally accepted the workers' pay demands.
その会社はついに労働者たちの賃上げ要求を受け入れた

I very much appreciate your acceptance.
快くお引き受け頂き、まことにありがとうございます

No gratuities accepted.
チップなしを受け入れます → チップはお断りします

□ **receipt** /risíːt/ 名 領収書、レシート

* re ｛元へ｝ + cept ｛つかむ｝

Purchases can be returned if you show your receipt.
レシートを見せれば買ったものは返品できる

□ **reception** /risépʃən/ 图 歓迎（会）、披露宴

＊ re ｛元へ｝＋ cept ｛つかむ｝＋ ion ｛名詞に｝

The wedding reception will take place at the Imperial Hotel, starting at 4:00 p.m.
結婚披露宴は午後4時に帝国ホテルで行なわれる

□ **intercept** /ìntərsépt/ 🔳 横取りする、傍受する

＊ inter ｛間に｝＋ cept ｛つかむ｝

→图 **interception**　横取り、傍受、妨害

His phone calls were intercepted.
彼の電話は傍受された

□ **concept** /kánsept/ 图 概念

＊ con ｛共に｝＋ cept ｛つかむ｝

She thinks that marriage is an old-fashioned concept.
結婚は時代遅れの概念だと彼女は思っている

□ **conception** /kənsépʃən/ 图 概念、考え、着想、妊娠

＊ co ｛共に｝＋ cept ｛つかむ｝＋ ion ｛名詞に｝

I have no conception of what she says.
彼女が何を言っているのかわからない

6 [cern, cert]

●分ける、ふるい

WORD ROOTS
コンサート (concert) は区分け (cert) した音符をみんな (con) で演奏すること。

□ **concern** /kənsə́ːrn/ 動 関係している 名 関係、関心（事）

＊ con {共に} ＋ cern {わける}
→副 **concerning** ～に関して

My concern is that the project won't be finished on time.
私が心配しているのはその計画が時間通りに終わらないことだ

As far as I'm concerned, I don't agree.
私に関して言わせてもらうと、賛成ではありません

He asked several questions concerning the future of the company.
彼は会社の将来についていくつか質問した

□ **certain** /sə́ːrtn/ 形 確かな、ある～

＊「ふるいにかけられた」から

It seems certain that there will be an election in December.
12月に選挙があるのは確かなようだ

I agree with you to a certain extent.
ある程度まであなたに賛成です

☐ **certify** /sə́:rtəfài/ 動 証明する、認定する

* cert {わける} + ify {動詞に}
  → 形 **certified** 証明された、公認の
  → 名 **certification** 証明(書)、免許状

The accounts were certified correct by the finance department.
その請求書は正しいと経理部に認定された

I have a qualification as a certified public accountant.
私は公認会計士の資格を持っている

He got his nursing assistant certification.
彼は介護福祉士の資格を取った

☐ **certificate** /sərtífikət/ 名 証明書、免許状

* certify {証明する} + ate {名詞に}

Where can I apply for a birth certificate?
出生証明書はどこで申請できますか

☐ **ascertain** /æsərtéin/ 動 確かめる

* a(s) {〜の方へ} + certain {確かな}

The police were never able to ascertain the true facts.
警察は真実を確かめることができなかった

☐ **discern** /disə́:rn/ 動 識別する、わかる

* dis {〜でない} + cern {わける}

Politicians are good at discerning public opinion.
政治家は世論の見極めが得意だ

7 [cide, cis]

●切る

WORD ROOTS
ボディシザーズ（body scissors）は両脚で相手のボディーを挟む技。

□ **decide** /disáid/ 動 決心する、決定する

＊ de｛離れて｝＋ cide｛切る｝→迷いをきっぱり切り離す
　→名 **decision** 決心、決定
　→形 **decisive** 決定的な、決断力のある

Have you decided whether to apply for that job?
　その仕事に応募するかどうか決めましたか

As chief executive, I often have to take difficult decisions.
　最高経営責任者として、私は難しい決定をしなければならないことが多々ある

Japan needs strong, decisive leadership.
　日本は強固で決断力のあるリーダーシップが必要だ

□ **suicide** /súːəsàid/ 名 自殺

＊ sui｛自分｝＋ cide｛切る｝

Nowadays suicide and bullying are becoming a problem.
　現在いじめや自殺が問題になっている

☐ **insecticide** /inséktəsàid/ 图 殺虫剤

＊ insect ｛昆虫｝＋ cide ｛切る｝

Spraying insecticides on rice crops used to be the best way to protect them.
かつて殺虫剤散布は米作を守る最良の方法だった

☐ **genocide** /dʒénəsàid/ 图 大虐殺

＊ geno ｛種｝＋ cide ｛切る｝

His grandfather was killed in the genocide in Bosnia.
彼の祖父はボスニアの大虐殺で殺された

☐ **concise** /kənsáis/ 形 簡潔な

＊ con ｛完全に｝＋ cise ｛切る｝

Make sure that your answers are as clear and concise as possible.
答えはできるだけ明瞭で簡潔にしなさい

☐ **precise** /prisáis/ 形 正確な、精密な

＊ pre ｛前に｝＋ cise ｛切る｝

Each plane has to follow a precise route.
飛行機はそれぞれ正確なルートに従わなければならない

☐ **scissors** /sízərz/ 图 ハサミ

＊ scis ｛切る｝＋ ors ｛もの｝

Will you lend me a pair of scissors?
ハサミを貸してくれますか

8

[circ, circum, cycle]

●回る

WORD ROOTS
ぐるぐる回るサーキット（circuit）。

□ **circle** /sə́ːrkl/ 图 円、輪

* circ {回る} ＋ cle {小さい}
→ 形 **circular** 円の、循環の　图 回覧

The students were sitting in a circle.
生徒たちは円になって座っていた

He tends to have a liking for circular buying in the market.
彼は市場で循環買いを好む傾向がある

He mailed the circular to all subscribers.
彼は購読者全員に回覧を発送した

□ **circumstances** /sə́ːrkəmstænsiz/ 图 状況、環境

* circum {回る} ＋ stance {立つ}

He is always poker-faced under any circumstances.
彼はどんな状況であってもポーカーフェイスだ

□ **encircle** /insə́ːrkl/ 動 囲む

* en {中に} ＋ circle {円}

The village is encircled by sand dunes.
その村は砂丘で囲まれていた

□ **search** /sə́ːrtʃ/ 動 捜す、捜索する 名 捜索

The police officer searched him.
警察官は彼をボディーチェックした

The police searched for the suspect's apartment.
警察は容疑者のアパートを捜した

□ **research** /risə́ːrtʃ/ 名 研究、調査 動 研究する、調査する

* re ｛再び｝ ＋ search ｛捜す｝

The doctor is engaged in cancer research.
その医者はガン研究に従事している

It is important to research the market fully.
市場を十分に調査することが大切だ

□ **circumference** /sərkʌ́mfərəns/ 名 周囲

* circum ｛回る｝ ＋ fer ｛運ぶ｝ ＋ ence ｛名詞に｝

The island is only five kilometers in circumference.
その島は周囲が 5km しかない

□ **circulate** /sə́ːrkjulèit/ 動 循環する、広まる

* circul ｛回る｝ ＋ ate ｛動詞に｝
  → 名 **circulation** 循環、発行部数、伝達

Rumors are circulating that the president's health is getting worse.
社長の健康状態が悪化しているという噂が広まっている

The newspaper has a daily circulation of 100,000.
その新聞は毎日 10 万部発行されている

第 6 章 動詞的な意味を持つ語根から連想する英単語

⑨ [clin, clim]

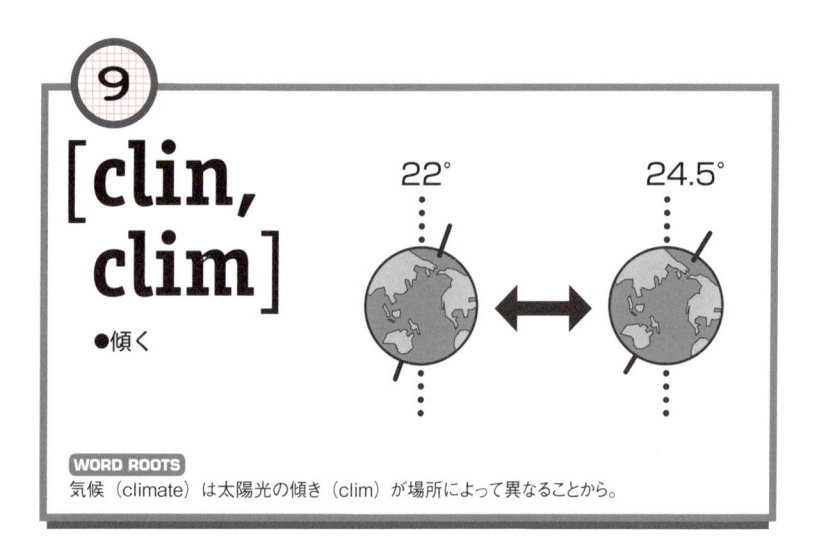

●傾く

22°　24.5°

WORD ROOTS
気候（climate）は太陽光の傾き（clim）が場所によって異なることから。

☐ **incline** /inkláin/ 動 気にさせる、向かせる

* in ｛中に｝ ＋ cline ｛傾く｝
　→名 **inclination**　傾向、好み

He was inclined to get angry when watching the news.
　そのニュースを聞いて彼は腹が立ってきた

I'm inclined to believe that he's innocent.
　彼が潔白だと信じたい気がする

It is against my inclination to do so.
　そうすることは私の気持ちにそぐわない

☐ **clinic** /klínik/ 名 診療所、クリニック

＊診療所のベッドが傾いていたことから

I have an appointment at the medical clinic.
　私はクリニックに予約してあります

☐ **recline** /rikláin/ 動 よりかかる、横になる

* re ｛後ろへ｝ ＋ cline ｛傾く｝

I want to recline on the sofa.
　ソファに横になりたい

☐ **decline** /dikláin/ 動 衰える、低下する、断る 名 衰え、低下、下落

＊ de ｛下に｝ ＋ cline ｛傾く｝

Demand for this software has declined.
このソフトウェアの需要が低下した

Stock markets in Europe showed similar declines.
ヨーロッパの株式市場は同じような下落を見せた

The economy is on the decline [is cooling down].
景気が下降している

☐ **client** /kláiənt/ 名 顧客、依頼人

＊寄り添える人から

I have a meeting with the client this afternoon.
今日の午後に客と打合わせをします

☐ **climate** /kláimit/ 名 気候

＊太陽光の傾き（clim）が場所によって異なることから

→形 **climatic** 気候の

The climate here is nice throughout the year.
ここは年間を通して気候が良い

Climatic changes are caused by the increasing levels of carbon dioxide in the atmosphere.
気候変動は大気中の二酸化炭素の量が増えることに起因している

10 [cre, cru]

●増える

WORD ROOTS
クレッシェンド（crescend）は段々強く。

□ **create** /kriéit/ 動 創造する、創出する

 * cre ｛増える｝ + ate ｛動詞に｝
 →名 **creation** 創造、創出

I want to create a website on the Internet.
インターネットにウエブサイトを開きたい

The government's investment will create many jobs.
政府の投資は多くの雇用を創出するだろう

One of our main concerns is the creation of quality jobs.
我々の主要な関心事の一つは、質の高い雇用の創出である

□ **creature** /kríːtʃər/ 名 生き物

 * create ｛創造する｝ + ure ｛名詞に｝

The panda is a shy creature.
パンダは内気な生き物だ

☐ **creative** /kriéitiv/ 圈 創造的な

＊ create ｛創造する｝ ＋ ive ｛形容詞に｝

→图 **creativity** 創造性

This is a product of our own creative activity.
これは私たち独自の創造活動の産物です

There is only a low correlation between creativity and high I.Q.
創造性が豊かなことと知能指数が高いことには、わずかな相関関係しかない

☐ **increase** /inkríːs/ 動 増加する 图 /ínkriːs/ 増加

＊ in ｛上に｝ ＋ crease ｛増える｝

Japan's trade with Australia has increased.
日本とオーストラリアの貿易は増加している

Cases of tuberculosis are on the increase.
結核の症例は増加している

☐ **decrease** /dikríːs/ 動 減少する 图 /díkriːs/ 減少

＊ de ｛下に｝ ＋ crease ｛増える｝

We are going to decrease production from the next term.
来期から減産の予定です

The birthrate is on the decrease.
出生率は減少している

☐ **recruit** /rikrúːt/ 動 募集する、採用する 图 新入社員、新入生、新会員

＊ re ｛再び｝ ＋ cruit ｛増える｝

The company recruits the workers with the highest education level every year.
毎年、その会社は最高レベルの教育を受けた社員を採用している

[cred]

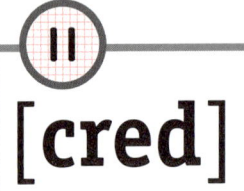

● 信じる

WORD ROOTS
クレジット（credit）は信用払い。

□ **credit** /krédit/ 图信用、信用貸し、預金額　動信用貸しする

* cred ｛信用｝ ＋ it ｛された｝
  → 関連 图 **creditor**　債権者、貸し主

He has credit of one million dollars at his bank.
彼は銀行に100万ドルの預金がある

I credited a customer with 100 dollars.
お客に100ドルの信用貸しをした

A secured creditor has collateral such as a car or a house.
有担保債権者は車や家などの担保を持っている

□ **creditable** /kréditəbl/ 图みごとな

* credit ｛信用｝ ＋ able ｛できる｝

It was a creditable performance.
それは見事な演技だった

□ **credulous** /krédʒuləs/ 图だまされやすい

* cred ｛信用｝ ＋ lous ｛形容詞に｝ →すぐに信じてしまう

She's credulous of rumors.
彼女はうわさをすぐ信じてしまう

□ **incredulous** /inkrédʒuləs/ 形 疑い深い

＊in ｛でない｝ ＋ cred ｛信用｝ ＋ lous ｛形容詞に｝ →信用しない

He looked incredulous.
彼は疑い深い顔つきをしていた

□ **incredible** /inkrédəbl/ 形 信じられない、驚くべき

＊in ｛〜でない｝ ＋ credible ｛信用できる｝

The Prime Minister is invested with incredible powers.
首相は信じられないほどの権力を与えられている

□ **accredited** /əkréditid/ 形 認定された

＊a(c) ｛〜の方へ｝ ＋ credit ｛信用｝ ＋ ed ｛された｝

He is an accredited member of the press.
彼は認定された記者だ

□ **credential** /kridénʃəl/ 名 資格証明（書）、信任状

This credential aids in working in the industry.
この資格証明はその業界で仕事をするのに役立つ

□ **creed** /kríːd/ 名 信条、主義、宗教

The laws apply to everyone irrespective of race, creed or color.
その法律は人種、宗教、肌の色にかかわらず全ての人に適用される

□ **credence** /kríːdəns/ 名 信用

＊cred ｛信用｝ ＋ ence ｛名詞に｝

This fact lends credence to his report.
この事実からすると彼の報告書は信用できる

12 [cri]

●分ける、決める

WORD ROOTS
オイルショック、正しくはオイルクライシス（oil crisis）。

□ **criticize** /krítəsàiz/ 動 批判する、批評する

* crit ｛わける｝ ＋ ize ｛動詞に｝
  →名 **criticism** 批判、批評

Foreigners criticize the Japanese for spending too much time working.
外国人は日本人が働き過ぎだと批判する

She is strong in the face of criticism.
彼女は打たれ強い

□ **crisis** /kráisis/ 名 危機

＊生死を分ける状態から

The company went bankrupt during the economic crisis.
その会社は経済危機の間に破産した

□ **critical** /krítikəl/ 形 批判的な、危機的な、危篤の

* crit ｛わける｝ ＋ cal ｛形容詞に｝

They are strongly critical of the school.
彼らはその学校に非常に批判的だ

The patient is in a critical condition.
患者は危篤状態である

☐ **critic** /krítik/ 名批評家、評論家、あら探しをする人

He is a famous critic.
彼は有名な批評家だ

He is my critic.
彼は私のすることにいちいちケチをつける

☐ **discriminate** /diskrímənèit/ 動差別する、識別する

＊ discrim {わける} ＋ ate {動詞に}
→名 **discrimination** 差別、識別

It's wrong to discriminate against people because of their race.
人種を理由に人間を差別することは間違っている

Immigrants faced harassment and discrimination, and were paid considerably less than their white colleagues.
移民の人たちは嫌がらせと差別に直面し、さらに白人の同僚と比べてかなり賃金も低かった

☐ **criterion** /kraitíəriən/ 名基準、標準　複数＝ **criteria**

The sales index is an important criterion for setting sales goals.
販売指標は販売目標を設定するための重要な基準だ

13 [cur(s)]

● 走る

WORD ROOTS
カーソル（cursor）を走らせる。

☐ **current** /kə́:rənt/ 形 今の、現在の、現行の　名 流れ

* cur {走る} ＋ ent {形容詞に}
  → 名 **currency** 通過、流通

Who is the current Prime Minister of Japan?
　今の日本の首相は誰ですか

The two-dollar bill is no longer current.
　2ドル紙幣はもう流通していない

What is the local currency here?
　ここの現地通貨は何ですか

☐ **cursor** /kə́:rsər/ 名 カーソル

* curs {走る} ＋ or {もの}

My mouse cursor sometimes freezes.
　マウスのカーソルが動かなくなることがある

□ **occur** /əkə́:r/ 動 起こる、生じる

* o(c) {対して} + cur {走る}
  - →名 **occurrence** 発生、事件

Such opportunities do not occur every day.
そんな機会は毎日あるわけではない

It's a frequent occurrence.
それはよくあることだ

□ **recur** /rikə́:r/ 動 再発する

* re {再び} + cur {走る}
  - →名 **recurrence** 再発

There is a danger that the disease may recur.
その病気が再発する危険性がある

□ **concur** /kənkə́:r/ 動 一致する、同意する、同時に起こる

* con {共に} + cur {走る}
  - →名 **concurrence** 同時発生、一致

He didn't concur with the opinion of the other employees.
彼は他の従業員の意見に同意しなかった

□ **excursion** /ikskə́:rʒən/ 名 遠足、小旅行

* ex {外に} + curs {走る} + ion {名詞に}

The tour includes a three-day excursion to Disneyland.
そのツアーはディズニーランドへの3日間の小旅行が含まれている

□ **recourse** /rí:kɔ:rs/ 名 頼ること、依頼

* re {後ろに} + course {走る}

Government and foundation grants are only a temporary recourse.
政府や財団の補助金は一時的な頼みでしかない

第6章 動詞的な意味を持つ語根から連想する英単語

14 [doc]

●教える

WORD ROOTS
博士（doctor）は教える（doct）人（or）。

□ **document** /dákjumənt/ 图**文書**

* doc {教える} + ment {名詞に}
　→圏 **documentary** 文書の、事実を記録した　图ドキュメンタリー

I sent you an e-mail, attaching a document.
文書を添付してメールを送りました

The truth comes out in this documentary.
真実がこのドキュメンタリーの中で明らかにされている

□ **doctrine** /dáktrin/ 图**理論、教義、主張**

* doct {教える} + ine {名詞に}

They still clung to this doctrine.
彼らはなおもこの理論を固守した

□ **doctoral** /dáktərəl/ 圏**博士の**

* doctor {博士} + al {形容詞に}

He finished a doctoral course.
彼は博士課程を終了した

☐ **doctrinaire** /dàktrinéər/ 形 理論一辺倒の 名 空論家

＊ doctorin ｛理論｝ ＋ naire ｛人｝

Don't be so doctrinaire about things.
物事を理論だけで割り切るのはやめなさい

☐ **doctorate** /dáktərət/ 名 博士号

＊ doctor ｛教える｝ ＋ ate ｛名詞に｝

He obtained his doctorate by presenting a thesis.
彼は論文を提出して博士号を得た

☐ **docile** /dá:səl/ 形 従順な、素直な

＊ doc ｛教える｝ ＋ ile ｛形容詞に｝
→名 **docility** 従順

He has two docile cats.
彼は従順な猫を2匹飼っている

☐ **indoctrinate** /indáktrənèit/ 動 教え込む、洗脳する

＊ in ｛中に｝ ＋ doctrine ｛教え｝ ＋ ate ｛動詞に｝
→名 **indoctrination** 教え込むこと

The teacher was accused of trying to indoctrinate his students.
その教師は生徒を洗脳しようとして告発された

15

[du, deb]

●負う

WORD ROOTS
負担する税金がかからない duty free shop。

☐ **duty** /djúːti/ 图 義務、任務、関税

＊国民が負うべきものから

The customs duty on luxury cars went up last month.
　高級車にかかる関税は先月上がった

Your duties will also include answering the phone and typing letters.
　あなたの職務には電話番と手紙をタイプすることが含まれます

☐ **due** /djúː/ 形 予定の、支払われるべき、（due to で）～のために

My new book is due to be published next month.
　私の新しい本は来月出版予定です

She has been absent from work due to her illness.
　彼女は病気のために仕事を休んでいる

Please submit it by the due date.
　期限内で提出してください

☐ **overdue** /òuvərdúː/ 形 支払期限の過ぎた、遅れた

＊ over ｛〜を超えて｝ ＋ due ｛支払われるべき｝

I must take these books back to the library - they're overdue.
この本を図書館に返さなければ、期限が過ぎているから

☐ **debt** /dét/ 名 借金、負債

It took us three years to pay off all our debts.
私たちは借金を返済するのに3年かかった

☐ **debtor** /détər/ 名 債務者、借り方

＊ debt ｛負う｝ ＋ or ｛人｝

Some of the debtors cannot afford to pay these high interest rates.
債務者の中にはこの高利率を払えない者もいる

☐ **indebted** /indétid/ 形 負債があって、恩があって

＊ in ｛中に｝ ＋ debt ｛負債｝ ＋ ed ｛されて｝

I'm deeply indebted to you for your assistance.
ご助力まことにありがたく存じます

☐ **debit** /débit/ 名 借り方、口座引き落とし　動 借り方に記入する

You can pay by direct debit.
口座引き落としで支払いできる

16 [duce, duct]

● 導く

WORD ROOTS
映画・演劇などを成功に導く制作責任者はプロデューサー（producer）。pro（前に）＋ duce（導く）＋ er（人）から。

☐ **produce** /prədjúːs/ 動 生産する、産出する

＊ pro ｛前に｝＋ duce ｛導く｝ →導き出す
→名 **production** 生産、製造
→形 **productive** 生産的な、〜を生む

Nuclear power plants produce twenty percent of the country's energy.
原子力発電所はその国のエネルギーの 20% を産出している

Steel production has decreased by thirty-four percent.
鉄鋼製造は 34% 減少した

Poverty is productive of crime.
貧困は犯罪を生む

☐ **product** /prádʌkt/ 名 製品、産物

＊ pro ｛前に｝＋ duct ｛導く｝ →導き出されたもの

The new product took more than three years to develop before being put on the market.
新製品が市場に出るまで、開発に 3 年以上かかった

☐ **introduce** /ìntrədjúːs/ 🎬 紹介する、導入する、提出する

＊ intro ｛間に｝ ＋ duce ｛導く｝ → 2人の間に入る
　→圏 **introduction**　紹介、導入

Einstein introduced his theory of relativity in 1915.
アインシュタインは1915年に相対性理論を提出した

Let me introduce you to Alice.
アリスを紹介させてください

We met through her introduction.
私たちは彼女の紹介で会った

☐ **abduct** /æbdʌ́kt/ 🎬 誘拐する、拉致する

＊ ab ｛離れて｝ ＋ duct ｛導く｝ → 連れ出す
　→圏 **abduction**　誘拐、拉致

He attempted to abduct the two children.
彼は2人の子供を誘拐しようとした

The Japanese delegation made the abduction issue its top priority.
日本の代表団は拉致問題を最優先とした

☐ **induce** /indjúːs/ 🎬 引き起こす、誘発する

＊ in ｛中に｝ ＋ duce ｛導く｝

The doctor decided to induce labor.
医者は陣痛を促すことに決めた

☐ **reduce** /ridjúːs/ 🎬 減らす、縮小させる

＊ re ｛後ろへ｝ ＋ duce ｛導く｝
　→圏 **reduction**　縮小、削減

Small businesses will need to reduce costs in order to survive.
小さな企業は生き残りのためにコストを削減しなければならないだろう

We will propose a cost reduction.
私たちは費用の減額を提案します

17 [duce, duct]

● 導く

WORD ROOTS
オーケストラを指揮するコンダクター (conductor)。
con (先に) + duct (導く) + or (人) から。

☐ **educate** /édʒukèit/ 🔲 教育する

＊ e ｛外に｝ + duc ｛導く｝ + ate ｛動詞に｝ →潜在能力を引き出す
→図 **education**　教育

She was educated in France.
彼女はフランスで教育を受けた

The government should spend more on education.
政府は教育にもっと費やすべきだ

☐ **conduct** /kándʌkt/ 🔲 行なう、指揮する、案内する　図行動、管理、経営

＊ con ｛共に｝ + duct ｛導く｝
→図 **conductor**　指揮者、管理人、案内人、伝導体

The data is based on a survey conducted by the company last spring.
そのデータは昨年の春に会社が行なった調査に基づいている

The Senator's conduct is being investigated by the Ethics Committee.
その上院議員の行為は倫理委員会に調査されている

Her dream is to be a musical conductor.
彼女の夢は指揮者になることだ

☐ **deduct** /didʌ́kt/ 動 控除する、差し引く

＊ de {下に} ＋ duct {導く} →下げる
→名 **deduction** 控除（額）

The payments will be deducted from your salary.
支払いはあなたの給料から差し引かれるでしょう

The tax agent allowed the deduction.
税務署は控除を認めた

☐ **deduce** /didjúːs/ 動 推論する、推測する

＊ de {下に} ＋ duce {導く}
→名 **deduction** 推論

He deduced from this information that a coup was being plotted.
この情報から、彼はクーデターが企てられていると推測した

☐ **induct** /indʌ́kt/ 動 就任させる、入れる

＊ in {中に} ＋ duct {導く} →中に入れる
→名 **induction** 就任（式）、導入

He was formally inducted as president of the university.
彼は大学の学長に正式に就任した

☐ **seduce** /sidʲ(j)úːs/ 動 そそのかす、誘惑する

＊ se {離れて} ＋ duce {導く}} →連れ出す
→名 **seduction** 誘拐、魅力

Are you trying to seduce me?
私を口説こうとしているの？

18

[experi, pir]
● 試す

WORD ROOTS
「駅すぱあと」は駅のことなら何でも知っている専門家（= expert）。

□ **peril** /pérəl/ 图 危険

→ 動 **perilous** 危険な

The economy is now in grave peril.
今や経済は深刻な危険にさらされている

In case of failure, his circumstances would be perilous in the extreme.
万一失敗すれば、彼の置かれる状況はいちじるしく危険になるだろう

□ **imperil** /impérəl/ 動 危険にさらす

* im ｛中に｝ + peril ｛危険｝

Tax increases now might imperil economic recovery.
今や増税は経済の回復を危うくしかねない

□ **expert** /ékspə:rt/ 图 専門家、達人

He is an expert in the finance industry.
彼は金融業界の専門家だ

☐ **expertise** /èkspə(r)tíːz/ 名 専門的知識（技術）

* expert {専門家} + ise {名詞に}

Applicants must possess technical expertise.
応募者は技術的専門知識を持っていなければならない

☐ **experiment** /ikspérəmənt/ 名 実験 動 実験する

* experi {試す} + ment {名詞に}
→形 **experimental** 実験の

The experiment was a failure.
その実験は失敗だった

I would defend the right of scientists to experiment on animals.
科学者が動物実験をする権利を私は擁護します

Something is wrong with the experimental apparatus.
実験用器具が故障している

☐ **experience** /ikspíəriəns/ 名 経験 動 経験する

* experi {試す} + ence {名詞に}

Have you had any previous experience as a construction worker?
今までに建設作業員としての経験がありますか

Many regions are experiencing a shortage of food.
多くの地域が食糧不足を経験している

☐ **empirical** /impírikəl/ 形 経験的な、経験に基づいた

* empir {試す} + ical {形容詞に}

His theory is inconsistent with the empirical evidence.
彼の理論は経験に基づいた証拠と一致していない

19 [fer]

●運ぶ

WORD ROOTS
カーフェリー（car ferry）で車を運ぶ。

□ **refer** /rifə́ːr/ 動 言及する、参照する

* re {後ろへ} + fer {運ぶ}

→名 **reference** 言及、参照

She gave the speech without referring to her notes.
彼女はメモを見ずにスピーチをした

The Queen made no reference to the incident in her speech.
女王はスピーチでその事件について触れなかった

I'll keep your opinion as a reference for later.
あなたの意見をあとで参考にします

□ **differ** /dífər/ 動 違う、異なる

* di(f) {離れて} + fer {運ぶ} →異なるものを別の所に運ぶ

People's abilities differ, but their rights and opportunities should be the same.
人の能力は異なるが、権利と与えられる機会は同じであるべきだ

□ **different** /dífərənt/ 形 異なった、違った

* di(f) {離れて} + fer {運ぶ} + ent {形容詞に}
  →名 **difference** 相違、違い

This computer's different from the one I used in my last job.
このコンピュータは以前の仕事で使っていたものとは違う

The trade deficit is the difference between imports and exports.
貿易赤字は輸入額と輸出額の違いだ

□ **indifferent** /indífərənt/ 形 無関心な

* in {〜でない} + different {異なった} →異ならない→どれでも同じ
  →名 **indifference** 無関心、無頓着

She is indifferent to fashion.
彼女はファッションには無関心だ

□ **differentiate** /dìfərénʃièit/ 動 区別する

* different {異なった} + ate {動詞に}
  →名 **differentiation** 区別、差別

As journalists, we have to differentiate between facts and opinions.
ジャーナリストとして、私たちは事実と意見を区別しなければならない

□ **offer** /ɔ́ːfər/ 動 提供する、申し出る 名 申し出

* o(f) {対して} + fer {運ぶ}

The police are offering a reward for information about the shooting.
警察はその銃撃に関する情報に報酬金を提供している

Did you accept their offer?
彼らの申し出を受け入れましたか

20 [fer]
● 運ぶ

WORD ROOTS
prefer は好きなものを自分の前に持ってくることから、「好む」の意味に。

□ **prefer** /prifə́:r/ 動 好む、選ぶ

* pre {前に} + fer {運ぶ} →自分の前に運ぶ
→图 **preference** 好み、選択
→圏 **preferable** 好ましい、望ましい

Most of my friends take the bus to school, but I prefer to walk.
友だちのほとんどはバス通学をしているが、私は歩く方が良い

My preference in foods is curry.
私の好物はカレーです

Bad news is preferable to an absence of information.
情報がないより、悪い知らせでもあるほうがまだましだ

□ **transfer** /trænsfə́:r/ 動 移る、移す 图 /trǽnsfə:r/ 移動、移転、乗り換え（点）

* trans {越えて} + fer {運ぶ}

She transferred to another department last week.
彼女は先週、別の部署に移った

☐ **fertile** /fə́ːrtl/ 形 肥沃な

* fer {運ぶ} + ile {形容詞に}
  →名 **fertility** 肥沃、豊富さ

Japan's fertile land is due to high precipitation.
日本の肥沃な土壌は降水量の多さに起因する

☐ **confer** /kənfə́ːr/ 動 授ける、協議する

* con {共に} + fer {運ぶ}
  →名 **conference** 会議

The university conferred honorary degrees on the politician.
大学はその政治家に名誉学位を授けた

The meeting will be held in the conference room at noon.
会議は正午に会議室で行なわれる

☐ **defer** /difə́ːr/ 動 延期する、伸ばす、従う

* de {下に} + fer {運ぶ}

We will defer to whatever the committee decides.
私たちは委員会の決定なら何でも従います

The committee deferred the decision.
委員会は決定を延ばした

☐ **suffer** /sʌ́fər/ 動 苦しむ、被る

* su(f) {下で} + fer {運ぶ} →下で支える
  →名 **suffering** 苦しみ、苦痛

Children always suffer when their parents get divorced.
両親が離婚すると子供たちはいつも苦しむ

21 [fin]

●終わる、清算する

finish!

WORD ROOTS
最後のフィニッシュ（finish）を決める。

□ **finance** /fáinæns/ 图 財政（学）

* fin ｛清算する｝ ＋ ance ｛名詞に｝
→形 **financial** 財政的な

He was an expert in finance.
彼は財政学の専門家だった

The accounts show that the school's financial position is very healthy.
報告書を見れば、その学校の財政状況はとても健全であることがわかる

□ **fine** /fáin/ 動 罰金を科す　形 素晴らしい、細かい、見事な

*罰金を取って罪を清算する

She was fined $100 for speeding.
彼女はスピード違反で100ドルの罰金を科せられた

Cut the onion into fine slices.
タマネギをうす切りにします

□ **define** /difáin/ 動 定義する、定める

＊ de ｛完全に｝ ＋ fine ｛終わる｝
→名 **definition** 定義

Seventy percent of the workers can be defined as low-paid.
労働者の 70% が低所得と定めることができる

What is the definition of this word?
この単語の定義は何ですか

□ **definite** /défənit/ 形 明確な、一定の

＊ de ｛完全に｝ ＋ fin ｛終わる｝ ＋ ite ｛形容詞に｝

She won't give me a definite answer to my proposal.
彼女は私のプロポーズにハッキリとした答えを出そうとしない

□ **finite** /fáinait/ 形 有限な

＊ fin ｛終わる｝ ＋ ite ｛形容詞に｝
→反 **infinite** 形 無限の

Oil is a finite resource.
石油は有限な資源だ

It's difficult to imagine an infinite universe.
無限な宇宙を想像することは難しい

□ **confine** /kənfáin/ 動 制限する、監禁する

＊ con ｛共に｝ ＋ fine ｛終わる｝

All the illegal immigrants were confined to a small island in the harbor.
違法移民は全員が港の小さな島に監禁された

第 6 章 動詞的な意味を持つ語根から連想する英単語

279

22 [flo, flu]

●流れる

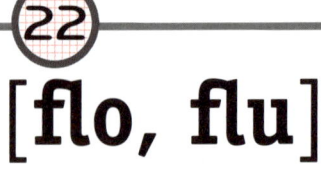

WORD ROOTS
インフルエンザ（influenza）は流行性感冒。

□ **fluctuate** /flʌ́ktʃuèit/ 動 変動する、上下する

＊ fluct ｛流れる｝ ＋ ate ｛動詞に｝
→名 **fluctuation**　変動

During the crisis, oil prices fluctuated between $20 and $40 a barrel.
危機の間、石油価格は 1 バーレル 20 ドルから 40 ドルの間で変動した

Share prices on the New York Stock Exchange often fluctuate wildly.
ニューヨーク証券取引所の株価はしばしば激しく変動する

Prices are subject to fluctuation.
物価は変動しやすい

□ **flow** /flóu/ 動 流れる　名 流れ

Oil flowed from the tanker into the sea.
石油がタンカーから海に流れた

The road repairs should not affect traffic flow.
道路の補修工事は交通の流れに影響を与えてはいけない

☐ **flood** /flʌ́d/ 图洪水　動殺到する

The town was completely destroyed by floods.
その町は洪水で壊滅した

Donations flooded the newspaper and the school.
寄付金が新聞社と学校に殺到した

☐ **fluent** /flúːənt/ 圏流ちょうな

＊ flu {流れる} ＋ ent {形容詞に}
→图 **fluency**　流ちょう

Applicants should be fluent in Chinese and English.
応募者は中国語と英語が流ちょうでなければならない

I was surprised at her fluency in English.
私は彼女の英語が流ちょうなのでびっくりした

☐ **influence** /ínfluəns/ 图影響　動影響を与える

＊ in {中に} ＋ flu {流れる} ＋ ence {名詞に}
→圏 **influential**　影響力のある

Do TV programs influence children's behavior?
テレビ番組は子供たちの行動に影響を与えますか

Television has an enormous influence on young people.
テレビは若者たちに大きな影響を与えている

This magazine is influential in the marketplace.
この雑誌は市場に影響力がある

☐ **superfluous** /supə́ːrfluəs/ 圏余分な

＊ super {超えて} ＋ flu {流れる} ＋ ous {形容詞に}

Delete superfluous words.
余分な語を削除してください

23

[it, iss, ish]

●行く

WORD ROOTS
乗り継ぎ旅客のためのトランジットラウンジ（transit lounge）。

□ **initiate** /iníʃièit/ 動 始める、入会させる

＊ in ｛中に｝＋ it ｛行く｝＋ ate ｛動詞に｝→中に入る
　→名 **initiative** 手始め、率先　形 始めの、最初の
　→形 **initial** 最初の、初期の　名 頭文字

A large number of companies have initiated recycling programs.
たくさんの企業がリサイクル計画を始めた

Why don't you take the initiative and ask him out?
率先して彼を誘ってみたらどうですか

The initial payment is due on March 6.
最初の支払いは3月6日の予定です

□ **visit** /vízit/ 動 訪れる、見学する　名 訪問、見学

＊ vis ｛見る｝＋ it ｛行く｝

Every year thousands of tourists visit the island.
毎年、数千人もの観光客がその島を訪れる

It was my first visit to Hawaii.
ハワイは初めての訪問でした

☐ **transit** /trǽnsit/ 图 通過、乗り継ぎ 形 通過の、乗り継ぎの

＊ trans ｛越えて｝＋ it ｛行く｝

His baggage was lost in transit.
輸送中に彼の荷物はなくなった

Let's have a rest in the transit lounge.
トランジットラウンジで休憩しよう

☐ **itinerary** /aitínərèri/ 图 旅程（表）

＊ラテン語の旅程の意味から

The travel agent sent me an itinerary for my trip.
旅行代理店は旅行プランを送ってくれた

☐ **perish** /périʃ/ 動 死ぬ、消える、朽ちる

＊ per ｛完全に｝＋ ish「行く」
→形 **perishable** 腐敗しやすい 图 腐敗しやすい食品、生鮮食品

We must make sure that democracy does not perish.
民主主義が朽ちることがないようにしなければならない

That store does not sell perishable foods.
あの店では生鮮食品は売っていません

☐ **issue** /íʃuː/ 图 発行（物）、問題点、…刷 動 発行する、出版する、流出する

Global warming was the key issue in the election campaign.
地球温暖化が選挙運動の重要な問題点だった

The US State department issues millions of passports each year.
米国国務省は毎年、数百万ものパスポートを発行している

24 [ject]
●投げる

WORD ROOTS
プロジェクター（projector）は pro（前に）＋ ject（投げる）＋ or（もの）から投影機に。

☐ **subject** /sʌ́bdʒikt/ 图学科、科目、主題、臣民　形受けやすい　動 /səbdʒékt/ 服従させる、受けさせる

＊ sub｛下に｝＋ ject｛投げる｝

English is his favorite subject.
英語は彼の好きな科目だ

This road is subject to flooding.
この道路は冠水しやすい．

Our company was subjected to a thorough check.
わが社は徹底的な調査を受けた

☐ **project** /prɑ́dʒekt/ 图計画、企画、事業、作業　動 prədʒékt 計画する、見積もる、投影する

＊ pro｛前に｝＋ ject｛投げる｝

Work on the new freeway project began last week.
新しい高速道路計画の工事が先週始まった

This building is projected for completion in June.
このビルは6月に完成予定だ

□ **reject** /ridʒékt/ 動拒否する

* re {後ろへ} ＋ ject {「投げる」}
　→名 **rejection**　拒否

The politician rejected calls for his resignation.
　その政治家は辞任の要求を拒否した

He faced rejection after rejection before finding a job.
　彼はやっと就職するまで、何度も断られた

□ **inject** /indʒékt/ 動注入する、注ぎ込む、導入する

* in {中に} ＋ ject {投げる}
　→名 **injection**　注射、注入

The company has injected huge amounts of money into the venture.
　その会社はベンチャーに多額のお金を注ぎ込んだ

I hate having injections.
　私は注射が嫌いだ

□ **object** /ɑ́bdʒikt/ 名物体、対象、目的　動əbdʒékt 反対する

* ob {対して} ＋ ject {投げる}
　→関連 **objection**　名反対

The sculpture is made from objects he found on beaches.
　その彫刻は海岸で彼が見つけたものでできている

Does anyone object to these proposals?
　この提案に反対の人はいますか

If anyone has any objections, please let us know as soon as possible.
　もし反対する人がいればできるだけ早く知らせてください

□ **objective** /əbdʒéktiv/ 形目的の、客観的な　名目的

* object {目的} ＋ ive {形容詞に}

The report focused on three of the business's objectives.
　報告書はその企業の3つの目的に焦点を当てられた

第6章　動詞的な意味を持つ語根から連想する英単語

25 [join, junc]
● 繋ぐ

WORD ROOTS
高速道路を繋ぐジャンクション（junction）。

□ **join** /dʒɔ́in/ 動 つなぐ、加わる、入る、一緒になる

During the war he joined the Air Corps and became a pilot.
戦争中に彼は空軍に入りパイロットになった

Wait there, and I'll join you soon.
そこで待ってて、私もすぐに合流するから

□ **joint** /dʒɔ́int/ 名 つなぎ目　形 合同の、共同の

The two ministers have issued a joint statement.
2人の大臣が共同声明を発表した

□ **rejoin** /ridʒɔ́in/ 動 再会する、（答を）返す

＊ re ｛再び｝ ＋ join ｛つなぐ｝

I'll rejoin you later.
後ほどまた会いましょう

"That's none of your business," he rejoined.
「あんたには関係ない」と彼は返した

☐ **junta** /húntə/ 图 臨時政府、軍事政権

＊スペイン語の「議会」から

The country was ruled by a military junta from 1974 until 1982.
その国は1974年から1982年まで軍事政権によって支配されていた

☐ **junction** /dʒʌ́ŋkʃən/ 图 接合、合流点

＊junct｛繋ぐ｝＋ion｛名詞に｝

Come off the motorway at junction 6.
ジャンクション6で高速道路を降りなさい

☐ **conjunction** /kəndʒʌ́ŋkʃən/ 图 連結、結合

＊con｛共に｝＋junct｛繋ぐ｝＋ion｛名詞に｝→つなぎ合わせる

A team event was staged in conjunction with the Marathon Cup.
マラソン・カップと併せて団体競技が実施された

☐ **adjoin** /ədʒɔ́in/ 動 隣接する

＊ad｛〜の方へ｝＋join｛繋ぐ｝

→ 形 **adjoining** 隣の、隣接する

A luxury hotel adjoins the convention center.
高級ホテルがコンベンションセンターに隣接している

The adjoining house soon caught fire.
すぐに隣家に火が移った

26 [lev(er), lieve]

●持ち上げる

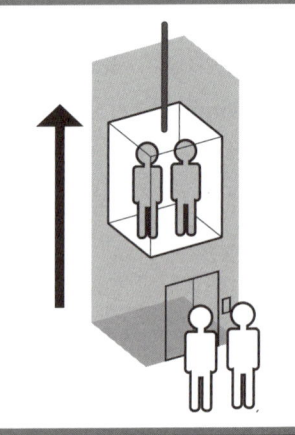

WORD ROOTS
エレベーター (elevator) は e (外に) + lev (持ち上げる) + or (もの) から。

□ **leverage** /lévəridʒ/ 图影響力、借入資本での投資、負債比率
動(借入金で投資・買収)を行なう

* lever {持ち上げる} + age {名詞に}

He has leverage with the mayor.
彼は市長に顔がきく

Public finance can leverage significant private investment.
公的資金で相当な民間投資を行なうことができる

□ **elevate** /éləvèit/ 動上げる、高める、昇進させる

* e {外に} + lev {持ち上げる} + ate {動詞に}
→图 **elevation** 高めること、昇進

This drug tends to elevate body temperature.
この薬は体温を上げる傾向がある

□ **levy** /lévi/ 图徴税、徴収、課税 動取り立てる、課す

* lev {持ち上げる} + y {名詞に}

The government imposed a 5% levy on alcohol.
政府はアルコールに5%の税金を課した

□ **relieve** /rilíːv/ 動 取り除く、和らげる、救助する

＊ re ｛再び｝ ＋ lieve ｛持ち上げる｝
　→名 **relief**　軽減、安堵、救助

Regular exercise can relieve depression and anxiety.
定期的な運動は憂鬱と不安を取り除くことができる

To our great relief, the hostages were all rescued.
人質が皆救出されて私たちはとてもホッとした

□ **relevant** /réləvənt/ 形 適切な、関連性のある

＊ re ｛再び｝ ＋ lev ｛持ち上げる｝ ＋ ant ｛形容詞に｝
　→名 **relevance**　適切さ、関連性
　→関連 形 **irrelevant**　不適切な、関係ない

He always gave me relevant information.
彼はいつも私に適切な情報を与えてくれた

Your question has no relevance to our discussion.
あなたの質問は私たちの論点と何の関連性もありません

The question is irrelevant to this matter.
その質問はこの問題には関係がない

□ **alleviate** /əlíːvièit/ 動 和らげる、軽くする

＊ a(l) ｛～の方へ｝ ＋ lev ｛持ち上げる｝ ＋ ate ｛動詞に｝
　→名 **alleviation**　緩和するもの

You can't cure a common cold, but you can alleviate the symptoms.
普通の風邪を治すことはできないが、症状を和らげることはできる

27 [lyze, lease, lax]

● ゆるめる

WORD ROOTS
リラクセーション（relaxation）は体の緊張をゆるめること。

□ **analyze** /ǽnəlàiz/ 動 分析する

* ana {完全に} + lyze {ゆるめる}
  → 名 **analysis**　分析
  → 名 **analyst**　分析者、アナリスト

We use a special computer program to analyze all the sales figures.
私たちは売り上げの数字を分析するために、特別なコンピュータープログラムを使っている

Further analysis of the data is needed.
データのさらなる分析が必要だ

He's a financial analyst with a pretty good reputation.
彼はかなり評判の良い金融アナリストだ

□ **lease** /líːs/ 名 賃貸契約、借地契約、借家契約

The landlord refused to renew his lease.
家主は賃貸契約の更新を拒んだ

□ **release** /rilíːs/ 動 解放する、自由にする、発売する、発表する
名 解放、発売

＊ re ｛再び｝ + lease ｛ゆるめる｝

Her new album will be released at the end of the month.
彼女の新しいアルバムが月末に発売される

□ **relax** /rilǽks/ 動 ゆるむ、ゆるめる、くつろぐ、弱める

＊ re ｛再び｝ + lax ｛ゆるむ｝

→名 **relaxation** 息抜き、休養、気晴らし

The company relaxed its grip on one of its businesses.
その会社は事業の一つを縮小した

I play golf for relaxation.
気晴らしにゴルフをします

□ **laxative** /lǽksətiv/ 形 通じを良くする、ゆるんだ 名 通じ薬、便秘薬

＊ lax ｛ゆるむ｝ + tive ｛形容詞に｝

Coconut milk is a natural laxative.
ココナツミルクは自然の便秘薬です

□ **paralyze** /pǽrəlàiz/ 動 麻痺させる

＊ para ｛防ぐ｝ + lyze ｛ゆるむ｝

→名 **paralysis** 麻痺、停滞

Strike action has paralyzed the region's public transport system.
ストライキ行動は地域の公共交通システムを麻痺させてしまった

The snake's poison causes paralysis.
その蛇の毒は体の麻痺を引き起こす

第6章 動詞的な意味を持つ語根から連想する英単語

28 [meter, metry]

●計る

WORD ROOTS
速度計はスピードメーター（speedometer）。

□ **barometer** /bərámətər/ 图 バロメーター、気圧計、尺度

* baro｛重さ｝＋ meter｛計る｝

Newspapers are often barometers of public opinion.
新聞はしばしば世論のバロメーターである

The barometer is falling
気圧計が下がっている

□ **speedometer** /spi:dámətər/ 图 速度計

* speed｛速度｝＋ meter｛計る｝

The speedometer shows 155 kilometers per hour.
速度計は時速155kmを示している

□ **diameter** /daiǽmətər/ 图 直径

* dia｛通して｝＋ meter｛計る｝
　→ 形 **diametrical** 直径の、正反対の

The diameter of the Earth is about 13,000 km.
地球の直径は約13,000kmである

☐ **geometry** /dʒiámətri/ 图 幾何学

* geo ｛地球｝ ＋ metry ｛計ること｝
→形 **geometric** 幾何学の

We're having an examination in geometry tomorrow.
明日幾何学の試験があります

The new figures include geometric patterns and spirals.
新しい図には幾何学模様や渦巻き線がある

☐ **thermometer** /θərmámətər/ 图 温度計

* thermo ｛熱｝ ＋ meter ｛計る｝

The thermometer reads 40 degrees Celsius.
温度計では40℃になっている

☐ **symmetry** /símətri/ 图 左右対称、つり合い、調和

* sym ｛同じ｝ ＋ metry ｛計ること｝
→形 **symmetrical** 左右対称の、調和の取れた

We were impressed by the symmetry and the elegance of the city.
私たちはその都市の調和と上品さに感銘を受けた

29 [mit, mis]

●送る

WORD ROOTS
ミサイル（missile）を敵に送るもの。

☐ promise /prámis/ 動 約束する 名 約束

* pro ｛前に｝ + mise ｛送る｝ →前もって相手に言葉を送る
  → 形 **promising** （将来）有望な

The company promised us a bonus this year.
会社は今年のボーナスを私たちに約束した

Don't make promises you can't keep.
守れない約束はするな

They have a promising future.
彼らは将来有望だ

☐ compromise /kámprəmàiz/ 名 妥協（案）、和解 動 妥協する、和解する

* com ｛共に｝ + promise ｛約束する｝ →約束し合う

After several hours of discussions, they managed to reach a compromise.
何時間も討論した後、彼らは何とか妥協に達した

The employers will have to compromise if they want to avoid a strike.
ストライキを避けたければ、雇用主は妥協しなければならないでしょう

☐ **dismiss** /dismís/ 動解雇する、解散させる

＊ dis ｛離れて｝ ＋ miss ｛送る｝
→名 **dismissal** 解雇、免職

Companies cannot dismiss employees with HIV or AIDS.
企業は、HIV 感染者やエイズ患者を解雇してはいけない

☐ **mission** /míʃən/ 名使節団、使命

＊ miss ｛送る｝ ＋ ion ｛名詞に｝
→関連 名 **missionary** 宣教師、伝道師

A British trade mission has arrived in Moscow.
イギリスの貿易使節団はモスクワに到着した

He felt the call to be a missionary.
彼は宣教師になりなさいという神のお召しを感じた

☐ **intermittent** /ìntərmítnt/ 形断続的な

＊ inter ｛間に｝ ＋ mit ｛送る｝ ＋ ent ｛形容詞に｝

There will be intermittent thunderstorms throughout the day.
一日中断続的な激しい雷雨があるでしょう

☐ **admit** /ædmít/ 動認める

＊ ad ｛～の方へ｝ ＋ mit ｛送る｝
→名 **admission** 入学（金）、入会（金）、入場（料）

He admitted he had stolen the money.
彼はそのお金を盗んだことを認めた

Admission is free.
入場無料

第6章 動詞的な意味を持つ語根から連想する英単語

295

30 [mit, mis]

●送る

WORD ROOTS
伝言は message、伝言を伝える「使者」は messenger、「命令」は mission。

□ **permit** /pəːrmít/ 動 許可する 名 /pə́ːrmit/ 許可（書）

＊ per ｛通して｝ ＋ mit ｛送る｝
→名 **permission** 許可

The law permits foreign investors to own up to 25% of British companies.
その法律は外国の投資家にイギリス企業の 25% まで所有することを認めている

You can't park there without a permit.
許可証がなくてはそこに駐車できません

May I have your permission to use this computer?
このコンピュータを使ってもよろしいでしょうか

□ **submit** /səbmít/ 動 提出する、服従する

＊ sub ｛下に｝ ＋ mit ｛送る｝
→名 **submission** 服従、提出

Have you submitted your project proposal to your boss yet?
もう上司に企画書を提出しましたか

☐ **transmit** /trænsmít/ 動送る、伝える

＊ trans ｛越えて｝ ＋ mit ｛送る｝
→名 **transmission** 伝達、送信

Could you transmit the information by e-mail?
その情報を、Eメールで送ってくれますか

☐ **commit** /kəmít/ 動ゆだねる、託す、犯す

＊ com ｛共に｝ ＋ mit ｛送る｝
→名 **commission** 委任、委託、手数料、犯行

Many young people commit suicide every year.
毎年、多くの若者が自殺している

His basic salary is low, but he gets 20% commission on everything he sells.
彼の基本給は安いが、売ったもの全てについて20%の手数料がもらえる

☐ **committee** /kəmíti/ 名委員会

＊ commit ｛ゆだねる｝ ＋ ee ｛された人｝

He has been elected chairman of the committee.
彼は委員会の議長に選ばれた

☐ **emit** /imít/ 動放出する、発する

＊ e ｛外に｝ ＋ mit ｛送る｝
→名 **emission** 放出（量）、排出（物）

The Earth emits natural radiation.
地球は自然の放射能を発する

U.S. emissions of carbon dioxide are still increasing.
アメリカの二酸化炭素の放出量は未だに増加している

31

[mot, mov]

● 動く

WORD ROOTS
遠くから動かすリモコン（remote control）。

□ **move** /múːv/ 動動く、動かす、移動する、引っ越す、感動させる

图 動き、動作

I'm going to move to Tokyo next month.
来月東京に引っ越します

He was moved to tears.
彼は感動して涙を流した

The stock market is on the move.
株式市場は活気づいている

□ **motivate** /móutəvèit/ 動 動機を与える

* motive ｛動機｝＋ ate ｛動詞に｝
→图 **motivation** 動機（付け）

Not all people are motivated by self-interest.
全ての人が私利私欲で動かされるわけではない

What was your motivation for becoming a teacher?
教師になりたいと思った動機は何でしたか

□ **movement** /múːvmənt/ 動き、運動、活動、傾向

＊ move ｛動く｝ ＋ ment ｛名詞に｝

The environmental movement has been trying to preserve our natural resources.
環境**運動**は天然資源の保存を試みてきた

There's a movement toward reduced dependency on fossil fuels.
化石燃料への依存は減少する**傾向**にある

□ **motion** /móuʃən/ 图 動き、動作、動議

＊ mot ｛動く｝ ＋ ion ｛名詞に｝

I get motion sickness easily.
私はすぐに**乗り物**酔いする

The motion that the meeting should be continued has been rejected.
会議を継続するようにという**動議**は否決された

□ **remote** /rimóut/ 圏 人里離れた、遠隔の　图 リモコン

＊ re ｛後ろへ｝ ＋ mote ｛動く｝

The plane went down in a remote forest area.
その飛行機は**人里離れた**森林地帯に墜落した

Will you pass me the remote?
リモコンを取ってくれますか

□ **motive** /móutiv/ 图 動機、目的　圏 原動力となる

＊ mot ｛動く｝ ＋ ive ｛形容詞に｝

Her motive for the crime was revenge.
彼女の犯行の**動機**は復讐だった

32

[mot, mov]
●動く

WORD ROOTS
持ち運びのできる携帯電話は mobile phone。

☐ **promote** /prəmóut/ 動 進める、推進する、昇進させる

＊ pro ｛前に｝＋ mote ｛動く｝ →前進させる
→名 **promotion** 促進、昇格、昇進

He was hired to promote the project.
彼は計画を推進するために雇われた

He was promoted to head coach of the Giants.
彼はジャイアンツのヘッドコーチに昇進した

She got a promotion last year.
彼女は去年、昇進した。

☐ **emotion** /imóuʃən/ 名 感情

＊ e ｛外に｝＋ motion ｛動き｝ →外に出ること
→形 **emotional** 感情的な、情緒的な

He usually tries to hide his emotions.
普段、彼は感情を隠そうとする

Grandpa gets emotional when he talks about the war.
おじいちゃんは戦争の話になると感情的になる

☐ **demote** /dimóut/ 動 降格させる

＊ de ｛下に｝ ＋ mote ｛動く｝ →下げる
　→名 **demotion**　降格

The player was demoted to the minors.
その選手はマイナーリーグに降格された

☐ **mobile** /móubl/ 形 可動性の　名 携帯電話（イギリス語）

＊ mob ｛動く｝ ＋ ible ｛できる｝
　→名 **mobility**　移動性、可動性

Give me a call on my mobile.
私のケータイに電話してください

☐ **remove** /rimúːv/ 動 取り除く、移動させる

＊ re ｛元へ｝ ＋ move ｛動く｝
　→名 **removal**　移動、除去、解任

What's the best way to remove red wine stains?
赤ワインのシミを取るのに一番の方法は何ですか

She manages a hair removal salon.
彼女は脱毛店を経営しています

☐ **automobile** /ɔ́ːtəməbìːl/ 動 自動車

＊ auto ｛自らの｝ ＋ mobile ｛可動性の｝

The automobile industry is doing well.
自動車産業は順調にいっている

☐ **locomotive** /lòukəmóutiv/ 名 機関車　形 移動する、運転の

＊ loco ｛場所｝ ＋ mot ｛動く｝ ＋ ive ｛形容詞に｝ →場所を移動できる

Steam locomotives have been replaced by diesel trains.
蒸気機関車はディーゼル車にとって代わられた

33 [net, nect, nex]

● 繋ぐ

WORD ROOTS
世界をつなぐネットワーク（network）。

□ **net** /nét/ 图 網、ネット、ネットワーク、正価 形 正価の、正味の

He spends most evenings surfing the Net.
彼は夜の大半をネットサーフィンをして過ごす

The net profit was up 20% last month.
先月の純利益は 20％まで伸びた

□ **connect** /kənékt/ 動 繋ぐ

* con ｛共に｝ ＋ nect ｛繋ぐ｝
→图 **connection** 連結、結合、関連

Home workers are connected with the office by the Internet.
在宅勤務者はインターネットで会社と繋がっている

There's a connection between smoking and cancer.
喫煙とがんには因果関係がある

□ **network** /nétwə:rk/ 動 連絡網、放送網

* net ｛網｝ ＋ work ｛成されたもの｝

A 24-hour strike brought the railway network to a standstill.
24 時間ストライキで鉄道網は停止した

□ **annex** /ənéks/ 🔲併合する、付加する　図別館、添付書類

＊ a(n) {〜の方へ} ＋ nex {繋ぐ}

The US annexed Texas in 1845.
アメリカは 1845 年にテキサスを併合した

□ **disconnect** /dìskənékt/ 🔲断ち切る、引き離す、外す

＊ dis {〜でない} ＋ connect {繋ぐ}

→図 **disconnection**　切断、断絶

The family agreed to disconnect his life support system.
家族は彼の生命維持装置を外すことに同意した

□ **interconnect** /ìntəkənékt/ 🔲相互に連絡する（関連する）

＊ inter {間に} ＋ connect {繋ぐ}

→図 **interconnection**　相互接続

The major problems of this world are interconnected.
世界の主要な問題には、相互に関連性がある

□ **Internet** /íntərnet/ 図インターネット

＊ Inter {間に} ＋ net {繋ぐ}

We can find all kinds of information on the Internet.
私たちはインターネットであらゆる種類の情報を見つけることができる

34 [pend, pens]

●つるす、重さを量る

WORD ROOTS
胸に吊すペンダント（pendant）。

□ **suspend** /səspénd/ 動 ぶら下げる、中止する、停止する、停学にする

* sus ｛下に｝＋ pend ｛つるす｝
  → 名 **suspense** 宙ぶらりんの状態、不安、未決
  → 名 **suspension** 未決定、中止

Many Japanese restaurants in this country suspend lanterns at their entrance.
この国の日本食レストランの多くが、入り口にちょうちんをぶら下げている

The company suspended all sales to South Africa.
企業は南アフリカへの販売を停止した

She waited in great suspense for her husband's return.
彼女はずいぶん気をもみながら夫の帰りを待った

□ **depend** /dipénd/ 動 依存する、頼る

* de ｛下に｝＋ pend ｛つるす｝

The country depends heavily on its tourist trade.
その国は観光業に大きく依存している

dependence /dipéndəns/ 图 依存、信頼

* depend {依存する} + ence {名詞に}
  →形 **dependent** 依存している

The clinic treats people affected by drug dependence.
その診療所では薬物依存に病んでいる人の治療をしている

Norway's economy is heavily dependent on natural resources.
ノルウェーの経済は天然資源に大きく依存している

independent /indipéndənt/ 形 独立している

* in {〜でない} + dependent {依存している}
  →名 **independence** 独立

The country needs a central bank that is independent of the government.
その国は政府から独立した中央銀行が必要だ

The colony declared independence.
その植民地は独立を宣言した

pending /péndiŋ/ 形 未決定の

* pend {つるす} + ing {している}

Is there a problem still pending?
未解決の問題がまだありますか

expend /ikspénd/ 動 費やす、使い果たす

* ex {外に} + pend {量る} →秤にかけてお金を出す
  →名 **expenditure** 出費、支出、経費

He expended a lot of energy in building a dog house.
彼は犬小屋を作るのに多くの精力を費やした

You should avoid further expenditure.
さらなる出費は避けるべきだ

第6章 動詞的な意味を持つ語根から連想する英単語

35 [pend, pens]

●つるす、重さを量る

WORD ROOTS
キャッシュディスペンサー（cash dispenser）でお金を分配してもらう。

☐ dispense /dispéns/ 動 分配する、〜なしで済ます

* dis ｛離れて｝ ＋ pense ｛量る｝ →重さを量って分ける
  → 形 **indispensable** 不可欠な、なくてはならない
  → 関連 名 **dispenser** 販売機、分配者

Vending machines dispense a variety of goods.
自動販売機はさまざまな商品を売っている

Water is indispensable to life.
生きるためには水はなくてはならない

I'll withdraw money from a cash dispenser.
現金自動支払機からお金をおろします

☐ spend /spénd/ 動 費やす、使う

→ 名 **spending** 支出、消費

She spends most of her salary on clothes.
彼女は給料の大部分を服に使う

Spending will go up next month.
来月の支出はもっと上がる

□ **expense** /ikspéns/ 名費用、経費

* ex {外に} + pense {量る}
  →形 **expensive** 高価な

She depends on her parents for living expenses.
彼女は生活費を親に頼っている

Gasoline is becoming more and more expensive.
ガソリンはますます高くなっている

□ **compensate** /kámpənsèit/ 動埋め合わせる、償う

* com {共に} + pens {量る} + ate {動詞に}
  →名 **compensation** 賠償、補償、埋め合わせ

Money will not compensate for all the time I lost.
お金では私が失ったすべての時間を埋め合わせることはできない

□ **pension** /pénʃən/ 名年金、ペンション

* pens {量る} + ion {名詞に} →量って支払うこと

My parents live on a pension.
両親は年金で暮らしている

We spent two nights at a pension in the village.
私たちはその村のペンションで2晩過ごした

□ **recompense** /rékəmpèns/ 名報酬、報い

* re {再び} + com {共に} + pense {量る}

Your recompense will depend on your ability.
あなたの報酬は能力次第です

36

[ple, pli, ply, plu, plex]

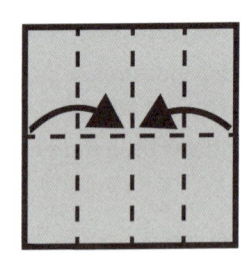

●重なる、折る、満たす

WORD ROOTS
1回だけ折るとsimple（単純な）。

☐ **apply** /əplái/ 🔲当てる、適用する、当てはまる、応募する

* a(p) {～の方へ} + ply {折る}
  →🔲 **application**　適用、申込（書）
  →🔲 **applicant**　志願者、申込者

This rule doesn't apply to all cases.
このルールは全ての場合に当てはまるわけではない

Why don't you apply for this job?
この仕事に応募してみたら

Please fill out an application form and send it to the address below.
申込書に必要事項を記入し、以下の住所まで送ってください

The applicant was interviewed and found wanting.
その志願者は面接のうえ不適格と判定された

☐ **reply** /ripláI/ 🔲答える、返事をする　🔲答え、返事

* re {元へ} + ply {折る}

I got no positive reply from him.
彼からは前向きな返事はもらえなかった

I'm sorry for not replying sooner.
もっと早く返事をしなくてごめんなさい

☐ **supply** /səplái/ 動供給する 名供給

＊sup {下に} ＋ ply {満たす}

Malaysia supplies the country with a lot of tin.
マレーシアはその国にたくさんの錫を供給してくれる

The supply will grow greatly.
供給は大きく伸びるであろう

☐ **employ** /implɔ́i/ 動雇う、雇用する

＊em {中に} ＋ ploy {折る}
→名 **employment** 雇用
→名 **employee** 従業員、被雇用者

How many workers are employed in this factory?
この工場では何人の労働者が雇用されていますか

Employment is one of the most important issues in this country.
この国では雇用は最も重要な問題の一つだ

Employee overtime entitlement is calculated as follows.
時間勤務外手当は以下のように計算する

☐ **display** /displéi/ 動展示する、見せる 名展示（品）

＊dis {〜でない} ＋ play {折る} →折らない→広げて見せる

The server monitor displayed an error message.
サーバーのモニターにはエラーメッセージが表示された

☐ **deploy** /diplɔ́i/ 動配備する、展開する

＊de {〜でない} ＋ ploy {折る} →折らない→広げる
→名 **deployment** 配置、展開

Soldiers were deployed to rescue the tsunami victims.
津波の被災者を救助するために兵士が配備された

37 [ple, pli, ply, plu, plex]

●重なる、折る、満たす

WORD ROOTS
何回も折ると complex（複雑な）に。

□ **compliment** /kάmpləmənt/ 图 ほめ言葉、光栄なこと、祝辞

動 ほめる、祝辞を言う

＊com ｛共に｝ ＋ pli ｛満たす｝ ＋ ment ｛名詞に｝

→形 **complimentary** 敬意を表して、無料の

Your presence is a great compliment.
ご臨席いただき光栄に存じます

There was a complimentary bottle of champagne in the hotel room.
ホテルの部屋には無料のシャンパン1ビンがあった

□ **explicit** /iksplísit/ 形 明白な、あからさまな

＊ex ｛外に｝ ＋ pli ｛折る｝ ＋ it ｛された｝

There are several explicit love scenes in the movie.
その映画にはあからさまなラブシーンがいくつかある

□ **implicit** /implísit/ 形 暗黙の

＊im ｛中に｝ ＋ pli ｛折る｝ ＋ it ｛された｝

His smile inferred an implicit admission.
彼の微笑みは暗黙の了解を意味しているようだった

☐ **accomplish** /əkámpliʃ/ 動 成就する、達成する

* a(c) {〜の方へ} + com {共に} + pli {満たす} + ish {動詞に}
  →名 **accomplishment** 遂行、成就、達成

I'm so happy that I was able to accomplish so much.
これだけ成就できてとてもうれしい

The accomplishment of this task took many years.
この仕事の遂行は多くの歳月を要した

☐ **complicated** /kámpləkèitid/ 形 複雑な

* com {共に} + pli {折る} + ate {動詞に} + ed {された}

The situation is getting more and more complicated.
状況はますます複雑化してきた

☐ **supplement** /sápləmənt/ 名 サプリメント、補足、付録

動 sápləmènt 補う、補足する

* supply {供給する} + ment {名詞に}
  →形 **supplementary** 補足する、追加の

Doctors believe that vitamin supplements are largely unnecessary.
ビタミンのサプリメントの大部分は不必要だと医者は思っている

He supplemented his income by writing books.
彼は本を書いて収入の足しにした

He took a supplementary class yesterday.
彼は昨日補講を受けた

38 [post, pose, posit]

● 置く

WORD ROOTS
定められた場所に置くポスト（post）。

□ **post** /póust/ 图 郵便（ポスト）、柱、地位、部署　動 ポストに入れる、貼る、公示する、配置する

　→形 **postal**　郵便の

The posted price of oil was still at $1.80 per barrel at that time.
当時の石油の公示価格は、まだ1バーレル1ドル80セントだった

A security guard was posted at the school.
学校に警備員が配置された

Don't forget to post this letter.
忘れずにこの手紙を投函してください

There will be an increase in postal charges next year.
来年、郵便料金が上がる

□ **postage** /póustidʒ/ 图 郵便料金

＊ post ｛郵便｝＋ age ｛名詞に｝

How much is the postage for a postcard?
はがきの郵便料金はいくらですか

□ **positive** /pázətiv/ 形 積極的な、確信している

* posit ｛置かれた｝ ＋ ive ｛形容詞に｝ →確かな

You have to be more positive about your work.
自分の仕事にもっと積極的になりなさい

□ **position** /pəzíʃən/ 名 位置、立場、地位、職

* posit ｛置かれた｝ ＋ ion ｛名詞に｝

I'm not in a position to express my opinion about this matter.
この件については意見を述べる立場にありません

His house is in a good position for going shopping.
彼の家は買い物に打って付けの場所にある

□ **deposit** /dipázit/ 名 預金、頭金　動 預金する、置く、手付け金を払う

* de ｛下に｝ ＋ posit ｛置かれた｝

We paid one month's rent in advance, plus a deposit of $500.
500ドルの頭金の他に、1ヶ月分の家賃を前もって支払った

He has a large deposit in a bank.
彼は銀行に多額の預金がある

I deposited 100,000 yen on the new car.
新車に10万円の手付け金を払った

□ **pause** /pɔːz/ 名 休止、中断、ポーズ　動 休止する、思案する

There was a pause in the conversation.
会話が途切れた

He paused for a moment to look at his notes.
彼はちょっと考えてメモを見た

39 [post, pose, posit] ・置く

WORD ROOTS
目の前のにんじんを目標に走る馬、「目的」「目標」は
「前に (pur) 置く (pose)」から purpose。

☐ compose /kəmpóuz/ 動 構成する、作曲する、整理する

* com {共に} + pose {置く}
　→图 **composition** 構成、作品、作曲

He composed his thoughts on paper.
　彼は考えを紙に整理した

She studied composition and music theory at college.
　彼女は大学で作曲と音楽理論を勉強した

☐ depose /dipóuz/ 動 退ける、証言する

* de {下に} + pose {置く}

The President was deposed in a military coup.
　大統領は軍事クーデターで退陣させられた

☐ dispose /dispóuz/ 動 配置する、処理する、する気にさせる

* dis {離れて} + pose {置く}

He didn't know how to dispose of the shares.
　彼は株式の処分の仕方がわからなかった

He disagreed, but did not feel disposed to argue.
　彼は賛成ではなかったが議論する気になれなかった

☐ **disposal** /dispóuzəl/ 名処分、処分権

＊ dis ｛離れて｝ ＋ pose ｛置く｝ ＋ al ｛名詞に｝

He had a lot of cash at his disposal.
彼には自由に使える現金がたくさんあった

I'm at your disposal.
あなたの言われた通りにいたします

☐ **purpose** /pə́ːrpəs/ 名目的

＊ pur ｛前に＝pro｝ ＋ pose ｛置く｝
→形 **purposeful** 目的を持った、決断力のある

What is the purpose of your visit?
滞在の目的は何ですか

☐ **impose** /impóuz/ 動課す

＊ im ｛上に｝ ＋ pose ｛置く｝

The government imposed a new tax on wine.
政府はワインに新しい税金を課した

第6章 動詞的な意味を持つ語根から連想する英単語

40

[post, pose, posit]

● 置く

EXPO'70

WORD ROOTS
1970 の大阪万国博覧会、エキスポは exposition の略。

☐ **propose** /prəpóuz/ 動 提案する、結婚を申し込む

* pro ｛前に｝ ＋ pose ｛置く｝
  →图 **proposal** /prəpóuzl/ 提案、申し込み、プロポーズ

I propose that we discuss this at the next meeting.
これは次の会議で討論することを提案します

I proposed to her on the second date.
私は2度目のデートでプロポーズした

Their proposal to build a new airport has finally been rejected.
新空港建設の提案はとうとう却下された

☐ **expose** /ikspóuz/ 動 晒す

* ex ｛外に｝ ＋ pose ｛置く｝
  →图 **exposure** /ikspóuʒə/ 晒すこと、晒されること、露出、陳列

The workers were exposed to high levels of radiation.
労働者たちは高いレベルの放射能に晒された

Prolonged exposure to the sun can cause skin cancer.
太陽に長く晒されると皮膚ガンの原因になりうる

☐ **exposition** /èkspəzíʃən/ 图 博覧会、展示、説明

* ex ｛外に｝ + pose ｛置く｝ + ion ｛名詞に｝

The exposition will be held for six months.
博覧会の開催期間は6ヶ月です

☐ **oppose** /əpóuz/ 動 反対する

* op ｛対して｝ + pose ｛置く｝

→图 **opposition** 反対

The politician opposed the construction of a new airport.
その政治家は新空港の建設に反対した

Despite strong opposition, the law was passed.
強烈な反対にもかかわらず法案は通過した

☐ **opposite** /ápəzit/ 形 正反対の、反対側の　图 正反対のもの（人）

副 反対側に

* op ｛対して｝ + posit ｛置かれた｝ + ion ｛名詞に｝

The two parties are at opposite ends of the political spectrum.
2政党の意見は全く逆だった

Put the piano opposite the sofa.
ピアノをソファの反対側に置きなさい

☐ **suppose** /səpóuz/ 動 想像する、思う

* sup ｛下に｝ + pose ｛置く｝

I suppose you like beer, don't you?
ビールはお好きですよね

We're supposed to check out by 10 o'clock.
10時までにチェックアウトすることになっている

Suppose you lost your job tomorrow, what would you do?
明日失業したらどうしますか

41 [quest, quire]

●求める

WORD ROOTS
相手の答えを求めるクエスチョン (question)。

☐ **conquer** /káŋkər/ 動 克服する、征服する

* con {完全に} + quer {求める}

→图 **conquest** 征服

Medical researchers are working to conquer cancer.
医療研究者たちはガンの克服に取り組んでいる

As 'Normans' they achieved a second conquest of England in 1066.
ノルマン人として彼らは1066年にイングランドで2回目の征服を成し遂げた

☐ **quest** /kwést/ 图 探求、追求

People in the country are still involved in the quest for civil rights.
その国の人々は今も尚、市民権を追い求めている

☐ **request** /rikwést/ 動 頼む、依頼する 图 依頼

* re {再び} + quest {求める}

Visitors are requested not to touch the exhibits.
見学者は展示物に手を触れないでください

My request was rejected by my boss.
私の依頼は上司に拒否された

□ **acquire** /əkwáiər/ 動 身につける、習得する

* a(c) ｛〜の方へ｝ ＋ quire ｛求める｝
  →名 **acquisition**　獲得、習得

She has acquired a good knowledge of Chinese.
彼女は中国語の知識をかなり身につけた

□ **require** /rikwáiər/ 動 必要とする、要求する

* re ｛再び｝ ＋ quire ｛求める｝
  →名 **requirement**　必要とするもの

Batteries are required to operate the robot.
ロボットを動かすにはバッテリーが必要だ

□ **inquire** /inkwáiər/ 動 問う、問い合わせる

* in ｛中に｝ ＋ quire ｛求める｝
  →名 **inquiry**　問い合わせ

Please feel free to inquire.
お気軽にお問い合わせください

Thank you for your inquiry.
お問い合わせ頂きましてありがとうございます

第6章　動詞的な意味を持つ語根から連想する英単語

42 [rat]

●数える、考える

WORD ROOTS
為替レート (rate)、rate は「数える」の意味。

☐ **rate** /réit/ 图 割合、率、レート 動 評価する、思う

At any rate, I apologize for troubling you.
とにかく、ご迷惑をおかけしたことをお詫びします

The social welfare spending is increasing at an average annual rate of 10 %.
社会福祉関係費用は毎年平均して 10%の割合で伸びている

The company seems to rate him very highly.
その会社は彼を非常に高く評価しているようだ

☐ **ratio** /réiʃou/ 图 比(率)、割合

The ratio of men to women on the committee is 3 to 1.
委員会の男女比は 3 対 1 です

☐ **ratify** /rætəfài/ 動 批准する、裁可する

＊ rat {数える} ＋ ify {動詞に}

The governor ratified the plan in 2010.
2010 年に知事がその計画を裁可した

☐ **rational** /rǽʃənl/ 形 理性のある、合理的な、冷静な

* ratio {考える} ＋ al {形容詞に}

→反 **irrational** 形 理性のない、理不尽な

We'd better be more rational.
  もっと冷静になろう

I think their actions were irrational.
  彼らの行動は理不尽だったと思う

☐ **overrate** /òuvrəréit/ 動 過大評価する

* over {超えて} ＋ rate {評価する}

I sometimes think that convenience is overrated.
  便利さが過大評価されていると思うことが時々ある

☐ **underrate** /ʌ̀ndəréit/ 動 過少評価する

* under {下に} ＋ rate {評価する}

Worth has been underrated, ever since wealth has been overrated.
  富が過大評価されて以来、価値は過小評価されてきた

43

[rupt]

● 崩れる

WORD ROOTS
銀行（bank）が崩れて倒産（bankrupt）。

☐ **interrupt** /ìntərʌ́pt/ 動 じゃまをする、中断する、遮る

＊ inter｛間に｝＋ rupt｛崩れる｝
→名 **interruption** 中断、妨害

May I interrupt you for a minute?
ちょっとじゃまをしてもいいですか→ちょっとお時間よろしいですか

I was impatient about interruption.
私はじゃまされるのに我慢できなかった

☐ **abrupt** /əbrʌ́pt/ 形 突然の、唐突の

＊ ab｛〜から｝＋ rupt｛崩れる｝
→副 **abruptly** 突然、あっけなく

Your relationship with her ended quite abruptly.
あなたと彼女との関係は、ずいぶんあっけなく終わったね

☐ **bankrupt** /bǽŋkrʌpt/ 形 倒産した、破産した

＊ bank｛銀行｝＋ rupt｛崩れる｝
→名 **bankruptcy** 倒産、破産

These poor sales will make us go bankrupt.
こんなに売り上げが少ないと破産するよ

My company is on the verge of bankruptcy.
私の会社は倒産寸前だ

□ **erupt** /irʌ́pt/ 動 噴火する

* e ｛外に｝ ＋ rupt ｛崩れる｝
  →名 **eruption** 噴火

This volcano erupted three times in the past.
この火山は過去に3回噴火した

There is still the possibility of an eruption.
今でも噴火の可能性がある

□ **corrupt** /kərʌ́pt/ 形 堕落した、腐敗した

* co(r) ｛共に｝ ＋ rupt ｛崩れる｝
  →名 **corruption** 堕落、汚職

Power tends to corrupt.
権力を持つと堕落しやすくなる

Corruption is eating at the heart of the country.
汚職が国の心臓部をむしばんでいる

□ **disrupt** /disrʌ́pt/ 動 崩壊させる、混乱させる、悪影響を及ぼす

* dis ｛離れて｝ ＋ rupt ｛崩れる｝
  →名 **disruption** 混乱、崩壊

Mobile phones could disrupt the medical equipment.
携帯電話は医療機器に悪影響を及ぼすことがある

□ **rupture** /rʌ́ptʃər/ 名 不和、決裂

* rupt ｛崩れる｝ ＋ ure ｛名詞に｝

If neither side concedes, the conference will end in a rupture between the two groups.
双方とも譲歩しなければ、この会談は物別れに終わってしまう

第6章 動詞的な意味を持つ語根から連想する英単語

44 [sal, sault, sail, sult]

● 跳ぶ

WORD ROOTS
月面宙返りはムーンサルト（moonsault）。

☐ **result** /rizʌ́lt/ 图結果　動結果となる、結果生じる

＊ re ｛後ろへ｝ ＋ sult ｛跳ぶ｝ →跳ね返る

Olympic participation is more important than the result.
オリンピックは結果よりも参加する方が重要だ

The plan resulted in failure.
計画は結局失敗した

☐ **insult** /insʌ́lt/ 動侮辱する　图 ínsʌlt 侮辱

＊ in ｛中に｝ ＋ sult ｛跳ぶ｝

I don't mean to insult you.
あなたを侮辱するつもりはありません

☐ **exultant** /ɪgzʌ́ltənt/ 形大喜びの、勝ち誇った

＊ ex ｛外に｝ ＋ ult ｛跳ぶ｝ ＋ ant ｛形容詞に｝

We gave an exultant shout when the team scored.
チームが得点すると私たちは歓声を上げた

□ **salient** /séiliənt/ 形 顕著な、目立った

＊ sal ｛跳ぶ｝＋ ent ｛形容詞に｝

The salient feature of Dumbo is his large ears.
ダンボの目立った特徴は大きな耳だ

□ **assault** /əsɔ́:lt/ 名 襲撃、暴行　動 襲撃する、攻撃する、暴行する

＊ a(s) ｛～の方へ｝＋ sault ｛跳ぶ｝

The city fell under the assault.
その都市は攻撃で落ちた

He assaulted a female flight attendant.
彼は女性客室乗務員に暴行をはたらいた

□ **assail** /əséil/ 動 激しく攻撃する

＊ a(s) ｛～の方へ｝＋ sail ｛跳ぶ｝
　→名 **assailant**　攻撃者、加害者

They assailed the fortress.
彼らはその要塞を激しく攻撃した

The assailant was taken into custody.
加害者は収監された

45

[scal, scend]

●登る

WORD ROOTS
エスカレーター（escalator）は e（外に）＋ scal（登る）＋ or（もの）から登るものに。

□ **scale** /skéil/ 图 規模、目盛り、段階　動 登る、（率に応じて）拡大する（縮小する）

Retail prices were scaled up by 6 percent.
小売値が6％ずつ上げられた

This product will soon be marketed on a large scale.
この製品は間もなく大規模に売り出される

□ **escalate** /éskəlèit/ 動 上昇する

＊ e｛外に｝＋ scale｛登る｝＋ ate｛名詞に｝
　→图 **escalator**　エスカレーター

Prices are escalating these days.
近頃、物価が上昇している

□ **descend** /disénd/ 動 下る、傾斜する

＊ de｛下に｝＋ scend｛登る｝
　→图 **descent**　下山、下落、家系、血統

We descended from the mountain at dawn.
私たちは明け方に下山した

He is of Scottish descent.
彼の祖先はスコットランド人だ

□ **ascend** /əsénd/ 動 登る

＊a ｛〜の方へ｝＋ scend ｛登る｝

→名 **ascent** 登り、上昇

The path started to ascend more steeply.
道はもっと急な上り坂になりだした

She made her first ascent of Mount Everest.
彼女はエベレストに初登頂した

□ **descendant** /diséndənt/ 名 子孫

＊descend ｛下る｝＋ ant ｛人｝

Many of them are descendants of the original settlers.
彼らの多くは最初の移住者の子孫である

□ **transcend** /trænsénd/ 動 超える、超越する

＊trans ｛越えて｝＋ scend ｛登る｝

The grandeur of the Grand Canyon transcends description.
グランドキャニオンの雄大さは筆舌に尽くしがたい

46 [scribe, script]

● 書く

WORD ROOTS
追伸（PS）は post（後で）＋ script（書いた）もの。

☐ **describe** /diskráib/ 動 描写する、述べる

＊ de ｛下に｝ ＋ scribe ｛書く｝
→名 **description** 描写、記述

The situation is not as bad as you describe it.
あなたが言うほど状況はひどくない

The scenery was beautiful beyond description.
その景色は筆舌に尽くしがたいほど美しかった

☐ **script** /skrípt/ 名 原稿、台本、脚本

That line isn't in the original script.
そのセリフは元原稿にはない

☐ **scribble** /skríbl/ 動 走り書きする

＊ scrib ｛書く｝ ＋ ble ｛反復｝

I scribbled a note to my brother before leaving.
出る前に弟にメモを走り書きした

☐ **conscript** /kənskrípt/ 動 徴兵に取る

＊ con ｛共に｝ ＋ script ｛書く｝

→图 **conscription**　徴兵、徴兵制

My father was conscripted into the army in 1970.
父は1970年に軍隊に徴兵された

They have conscription in Korea.
韓国には徴兵制がある

☐ **prescribe** /priskráib/ 動 処方する

＊ pre ｛前に｝ ＋ scribe ｛書く｝

→图 **prescription**　処方箋

The doctor prescribed painkillers for me.
医者は私に痛み止めを処方してくれた

Please submit this prescription to the dispensing pharmacy.
この処方箋を調剤薬局へ出してください

☐ **subscribe** /səbskráib/ 動 購読する、寄付する、署名する

＊ sub ｛下に｝ ＋ scribe ｛書く｝

→图 **subscription**　購読、会費、寄付

I quit subscribing to a newspaper this month.
私は今月、新聞の購読をやめた

To continue your subscription, please complete and return this form.
購読を続けるためにはこの用紙に必要事項を記入し返送ください

47 [(se)cute]
● ついて行く

WORD ROOTS
CEO（最高経営責任者）は chief executive officer。

□ **execute** /éksikjùːt/ 動 実行する、処刑する

* ex {外に} + cute {ついて行く} →外までついて行く→最後までやる

→图 **execution** 実行、（死刑）執行

He was executed for murder.
彼は殺人罪で処刑された

I want to push back the execution of this matter until later.
この件の実施は今回は見送りたい

□ **electrocute** /iléktrəkjùːt/ 動 電気イスで処刑する

* electro {電気} + cute {ついて行く}

He was electrocuted for his crimes.
彼は犯した罪のために電気イスで処刑された

☐ **executive** /igzékjutiv/ 形 実行力のある、執行の 名 経営者、重役

* ex {外に} + cut {ついて行く} + ive {形容詞に} →外までついて行く →最後までやる

The executive presented an optimistic outlook for the next quarter.
重役は次の四半期について楽観的な見通しを発表した

He was potential executive material.
彼は将来重役になりうる人材だった

☐ **consecutive** /kənsékjutiv/ 形 連続した

* con {共に} + secut {ついて行く} + ive {形容詞に}

Stock prices declined for seven consecutive days.
株価は7日連続して下がった

☐ **persecute** /pə́ːrsikjùːt/ 動 迫害する、困らせる

* per {完全に} + secute {ついて行く} →ずっとついて行く
→名 **persecution** 迫害

He was persecuted for expressing his belief in God.
彼は神への信仰を表明したために迫害された

That is just your persecution complex.
それはただのあなたの被害妄想だ

☐ **prosecute** /prɑ́sikjùːt/ 動 起訴する、告訴する、遂行する

* pro {前に} + secute {ついて行く}
→名 **prosecution** 起訴、告訴、検察当局、実行

He was prosecuted for robbery.
彼は強盗容疑で起訴された

The prosecution condemned the defendant for kidnapping a child.
検察側は被告が子供を誘拐したと非難した

48 [sess, cede]

●行く

WORD ROOTS
東京から京都への行き方(アクセス= access)は ac(〜の方へ)+ cess(行く)から。

□ **access** /ǽkses/ 图アクセス、接近

* a(c){〜の方へ}+ cess{行く}
  →圏 **accessible** 近づきやすい、入手しやすい
  →圏 **inaccessible** 近づけない、入手できない

The place has easy access.
その場所は簡単に行ける

Her house is not accessible by car.
彼女の家は車では行けない

□ **process** /práses/ 图経過、過程、手順 動処理する、加工する、手順に従って調査する

* pro{前に}+ cess{行く}

Our house is in the process of being built.
私たちの家は今建設中です

It will take four to six weeks to process your loan application.
あなたのローンの申し込みの処理には4〜6週間かかるでしょう

Goats' cheese is processed in many ways.
山羊のチーズはたくさんの方法で加工される

□ **recess** /ríses/ 图 休憩（時間）、休会、休廷

＊ re ｛後ろに｝＋ cess ｛行く｝

The court is in recess.
　法廷は休廷中だ

□ **recession** /rìːséʃən/ 图 景気後退、不景気

＊ re ｛後ろに｝＋ cess ｛行く｝＋ ion ｛名詞に｝

The economy is still in recession.
　いまだ景気の低迷が続いている

□ **recede** /rìːsíːd/ 動 退く、後退する

＊ re ｛後ろに｝＋ cede ｛行く｝

His hair is beginning to recede.
　彼の髪の毛は後退し始めている

□ **exceed** /iksíːd/ 動 超える、勝る

＊ ex ｛外に｝＋ ceed ｛行く｝
　→形 **exceeding** 過度の、素晴らしい

The building cost exceeded 200 million yen.
　建設費は2億円を超えた

49 [sess, cede]

●行く

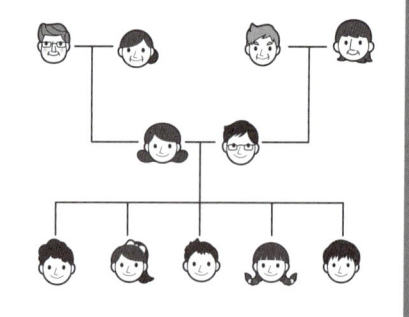

WORD ROOTS
「相続する」という意味のsucceedは家系図の下(sub)に行く(ceed)人が相続することから。

☐ succeed /səksíːd/ 動 継承する、成功する

* su(c) {下に} + ceed {行く}
  → 图 **success** 成功
  → 图 **succession** 連続、相続、継承

He will succeed to the throne.
彼は王位を継承するだろう

He's sure to succeed.
彼はきっと成功するだろう

The project was a big success.
その計画は大成功だった

We lost four important games in succession.
私たちは重要な試合を4連敗した

☐ excess /iksés/ 图 過多、過度

* ex {外に} + cess {行く}
  → 形 **excessive** 過度の、過大な、極端な

Don't eat to excess.
食べ過ぎるな

The amounts she borrowed were not excessive.
彼女が借りた額は極端なものではなかった

☐ **successive** /səksésiv/ 圏連続する、継続する

＊ su(c) {下に} ＋ cess {行く} ＋ ive {形容詞に}
→ 関連 **successful**　圏成功する

It snowed for four successive days.
　4日連続雪が降った

The negotiations proved successful.
　交渉はうまく行った

☐ **concede** /kənsíːd/ 動譲歩する、認める

＊ con {共に} ＋ cede {行く}
→ 图 **concession**　譲歩

The accountant wouldn't concede the mistake.
　会計士は間違いを認めようとしなかった

☐ **proceed** /prəsíːd/ 動続ける、進む

＊ pro {前に} ＋ ceed {行く}
→ 图 **procedure**　手続き、手順

I'll proceed with the formalities.
　手続きを進めます

I'll move forward with that procedure.
　私はその手続きを進めます

☐ **ancestor** /ǽnsestər/ 图先祖、祖先

＊ an(te) {前に} ＋ ces {行く} ＋ stor {人}
→ 関連 图 **ancestry**　祖先、先祖、家系

I visited my ancestor's grave last Sunday.
　先週の日曜日に先祖の墓を訪れた → 先週の日曜日に墓参りに行って来た

50 [side, sess, sed, sit, set]
●座る

WORD ROOTS
ジャズセッションの session とは座ること、ネット上の場所はサイト（site）。

□ site /sáit/ 图 場所、敷地、用地

Can you access this site?
このサイトにアクセスできますか

This is the site of a castle.
ここは城跡です

□ session /séʃən/ 图 開会（期間）、会期

* sess ｛座る｝＋ ion ｛名詞に｝

The Diet is in session.
国会は開会中です

The session will extend over a period of three weeks.
会期は3週間に及ぶ予定だ

□ obsess /əbsés/ 動 とりつく、とりついて悩ます

* ob ｛対して｝＋ sess ｛座る｝

Don't obsess about what others think.
他人がどう思おうが気にしないで

His head is obsessed with business.
彼の頭は仕事のことでいっぱいだ

☐ **settle** /sétl/ 動 決める、落ち着く、静める

＊ set ｛座る｝ ＋ tle ｛反復｝
→名 **settlement**　定住、解決、清算

This medicine will settle your nerves.
この薬を飲めば落ち着くだろう

Have you settled on a date for your departure?
出発の日を決めましたか

The negotiations reached a peaceful settlement.
交渉は平和的に妥結した

☐ **upset** /ʌpsét/ 動 ひっくり返す、ダメにする、体調を狂わせる 形
異常の、うろたえる

＊ up ｛上に｝ ＋ set ｛座る｝

Milk always upsets my stomach.
牛乳を飲むといつも胃の調子がおかしくなる

I have an upset stomach.
私はお腹を壊している

☐ **situated** /sítʃuèitid/ 形 ～にある、位置する

＊ sit ｛座る｝ ＋ ate ｛動詞に｝ ＋ ed ｛された｝
→関連名 **situation**　位置、状況、事態

Our office is situated on the top floor of the building.
私たちのオフィスはビルの最上階にある

Everyone knew how serious the situation was.
事態がいかに深刻であるかみんな知っていた

☐ **sedate** /sidéit/ 動 沈静させる、落ち着かせる

＊ sed ｛座る｝ ＋ ate ｛動詞に｝

The patient must be sedated before the operation.
患者は手術の前には落ち着かなくてはならない

第6章　動詞的な意味を持つ語根から連想する英単語

337

51

[side, sess, sed, sit, set]
● 座る

WORD ROOTS
国民の前に座る大統領 (president)、pre (前) + side (座る) + ent (人) から。

☐ **reside** /rizáid/ 動 住む、駐在する

* re {後ろへ} + side {座る}
→名 **residence** 住宅、居住

I intend to reside permanently in Britain.
私はイギリスに永住するつもりです

Paris was his main place of residence.
パリは彼の主な居住地だった

☐ **resident** /rézədənt/ 名 住人

* reside {住む} + ent {人}

She is a resident of Thailand.
彼女はタイ在住です

☐ **preside** /prizáid/ 動 司会する、議長をする

* pre {前に} + side {座る}

Who will preside at the meeting?
会議の司会をするのは誰ですか

□ **president** /prézədənt/ 图 大統領

＊ pre {前に} ＋ side {座る} ＋ ent {人} →国民の前に座っている人

He is the president of the bank.
　彼は銀行の頭取だ

□ **subside** /səbsáid/ 動 おさまる、沈む、静まる

＊ sub {下に} ＋ side {座る}

The flood began to subside.
　洪水がおさまり始めた

□ **assess** /əsés/ 動 評価する、査定する

＊ a(s) {～の方へ} ＋ sess {座る}

→图 **assessment**　評価、判断、査定

We will assess your performance.
　私たちはあなたの実績を評価します

You are wrong in your assessment of the present situation.
　あなたの状況判断は間違っている

□ **subsidy** /sʌ́bsədi/ 图 助成金、援助金

＊ sub {下に} ＋ sid {座る}

Congress may cut some subsidies to farmers.
　国会は農場経営者に助成金をカットする可能性がある

52

[spect, spec, spic]
● 見る

WORD ROOTS
レトロ (retrospect) は昔を振り返って (retro) 見る (spect) ことから。

☐ **expect** /ikspékt/ 動 **予期する、期待する**

＊ ex ｛外に｝ ＋ (s)pect ｛見る｝
→图 **expectation**　予期、期待

What do you expect from me as a business partner?
あなたは私にビジネスパートナーとして何を求めているのですか

I expect to finish the report by tomorrow.
明日までにレポートを完成させるつもりです

The result fell short of my expectation.
結果は期待はずれだった

☐ **aspect** /æspekt/ 图 **面、向き、相**

＊ a ｛〜の方へ｝ ＋ spect ｛見る｝

I like and respect that aspect about you.
私はあなたのそういう面が好きで尊敬しています

Things have assumed a new aspect.
事態は新しい局面を呈してきた

☐ **prospect** /práspekt/ 图 予想、見込み、眺め

＊ pro {前に} ＋ spect {見る}

I enjoyed a beautiful prospect from the terrace.
私はテラスから美しい眺めを楽しんだ

☐ **retrospect** /rétrəspèkt/ 图 回顧、追想

＊ retro {後ろへ} ＋ spect {見る}

In retrospect, 1999 was a good year for American investors.
振り返って見ると、1999年はアメリカ人投資家にとってよい年だった

☐ **inspect** /inspékt/ 動 点検する、検査する

＊ in {中を} ＋ spect {見る}
→图 **inspection** 点検、検査

Let's inspect the machine before we do another experiment.
次の実験をする前に機械を点検しよう

☐ **suspect** /səspékt/ 動 疑う 图 /sʌ́spekt/ 容疑者

＊ su {下に} ＋ spect {見る}
→图 **suspicion** 疑い、容疑
→形 **suspicious** 疑い深い、怪しい

You shouldn't suspect her without full evidence.
十分な証拠もないのに彼女を疑わないほうがいい

One of the prime suspects has died.
有力な容疑者の一人が死んでしまった

There was a slight suspicion that he was a spy.
彼はスパイだという疑いが少しあった

Please be careful with suspicious emails.
不審なメールにご用心ください

53 [spect, spec, spic] ●見る

WORD ROOTS
ゲームを見る（spect）人（or）＝観客は spectator。

☐ respect /rispékt/ 動 尊敬する、尊重する　名 尊敬、尊重、点

* re ｛後ろへ｝ ＋ spect ｛見る｝ →振り返って見る
  →形 **respectful**　敬意を表する、丁寧な

I respect her as an artist.
　私は彼女をアーティストとして尊敬する

Every country is different in this respect.
　この点に関して全ての国は異なる

We should be respectful of tradition.
　私たちは伝統を重んずるべきである

☐ spectacle /spéktəkl/ 名 光景、壮観、（複数形で）眼鏡

* spect ｛見る｝ ＋ cle ｛指小辞｝
  →形 **spectacular**　壮観な、華々しい

From the lake, we could see the grand spectacle of Mt. Fuji.
　私たちは湖から富士山の壮大な姿を見ることができた

The view from the mountain top was spectacular.
　山頂からの眺めは壮観だった

☐ **spectator** /spékteitər/ 名観客

* spect｛見る｝＋ or｛人｝

The crowd of spectators surged into the stadium.
観客の群れがスタジアムの中へと殺到した

☐ **respective** /rispéktiv/ 形それぞれの、各自の

* respect｛点｝＋ ive｛形容詞に｝

The leaders discussed the problems facing their respective countries.
リーダーたちはそれぞれの国に直面する諸問題を話し合った

☐ **speculate** /spékjulèit/ 動推測する、投機をする

* spec｛見る｝＋ ate｛動詞に｝
  → 名 **speculation** 推測、投機

He made his money by speculating on the New York Stock Exchange.
彼はニューヨーク証券取引所に投機してお金をもうけた

He made a fortune through land speculation.
彼は土地を転がして大儲けした

☐ **specimen** /spésəmən/ 名見本、標本

* spec｛見る｝＋ men｛名詞に｝

That museum has many fine specimens of Impressionist art.
あの美術館には印象派芸術の素晴らしい実例がたくさんある

54 [spect, spec, spic]
●見る

WORD ROOTS
他のメニューよりも目立つスペシャルランチ（special lunch）。

□ **special** /spéʃəl/ 形 **特別な**

＊ species ｛種｝＋ ial ｛形容詞に｝ →種に独特の
→動 **specialize** 専門に扱う、専攻する
→名 **specialty** 専門、本職

Did you come here for a special purpose?
特別な目的があってここに来たのですか

She specialized in American history.
彼女はアメリカ史を専攻した

My specialty is Japanese history.
私の専門は日本史だ

□ **despise** /dispáiz/ 動 **軽蔑する**

＊ de ｛下に｝＋ spise ｛見る｝

He secretly despises his boss.
彼は密かに上司を軽蔑している

☐ **conspicuous** /kənspíkjuəs/ 形 目立つ

* con ｛完全に｝ ＋ spic ｛見る｝ ＋ uous ｛形容詞に｝

His absence was conspicuous.
彼がいないのが目立った

☐ **species** /spíːʃiːz/ 名 種

*見てわかるもの

About 300 species of birds live in this forest.
約300種の鳥がこの森に住んでいる

☐ **especially** /ispéʃəli/ 副 特に

* e ｛外に｝ ＋ speci ｛見る｝ ＋ al ｛形容詞に｝ ＋ ly ｛副｝

I am especially fond of chocolate cake.
私は特にチョコレートケーキが好きです

☐ **specify** /spésəfài/ 動 明示する、明記する

* spec ｛見る｝ ＋ ify ｛動詞に｝
→形 **specific** 明確な、特別の
→副 **specifically** 特に、明確に、具体的に言うと

The rules specify that you must file an application.
その規則には申込書を提出しなければならないと明記されている

He went there for a specific purpose.
彼はある特別な目的を持ってそこへ行った

The job advertisement specifically requested female applicants.
求人広告には「女性を求む」とはっきり書かれていた

55 [spir]
●息をする

WORD ROOTS
生命の息吹＝スピリッツ（spirits）は蒸留酒。

□ **spirit** /spírit/ 图 精神、心、気分

→形 **spiritual** 精神的な

That's the spirit!
　そうこなくっちゃ！

He's in good spirits.
　彼は上機嫌だ

Books afford us spiritual nourishment.
　本は私たちに心の糧をあたえてくれる

□ **aspire** /əspáiər/ 動 熱望する

＊a ｛〜の方へ｝ ＋ spire ｛息をする｝

→图 **aspiration** 熱望、切望、抱負

Scholars aspire to the truth.
　学者は真理を求める

inspire /inspáiər/ 鼓舞する、気にさせる

* in ｛中に｝ + spire ｛息をする｝ →息を吹きかける
  - →图 **inspiration** 霊感、鼓舞、インスピレーション

The country needs a leader who can inspire its citizens.
その国は国民を鼓舞する指導者が必要だ

I had a sudden flash of inspiration.
私は突然インスピレーションがひらめいた

respire /rispáiər/ 呼吸する

* re ｛再び｝ + spire ｛息をする｝
  - →图 **respiration** 呼吸

This device is used to help patients respire more easily.
この装置は患者の呼吸をもっと楽にするために使われる

conspire /kənspáiər/ 共謀する、企む

* con ｛共に｝ + spire ｛息をする｝
  - →图 **conspiracy** 陰謀、共謀

They conspired to keep him from the presidency of the company.
彼らは共謀して彼を社長にさせまいとした

He was caught up in a conspiracy.
彼は陰謀に巻き込まれた

expire /ikspáiər/ なくなる、終了する、死ぬ

* ex ｛外に｝ + (s)pire ｛息をする｝
  - →图 **expiration** 終了、満了

When does your driver's license expire?
あなたの運転免許証はいつ切れますか

Please tell me the expiration date of your passport.
あなたのパスポート失効日付を教えてください

56 [stat, sta]

●立つ、止まる

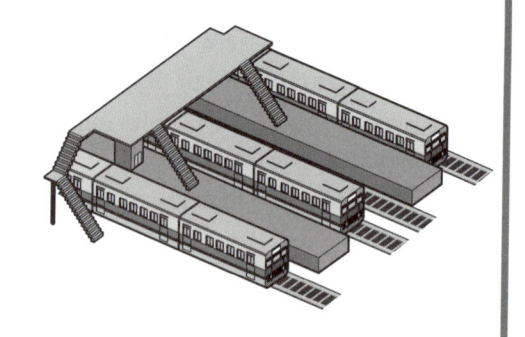

WORD ROOTS
駅（station）は列車が止まる所、ステータス（status）は自分の立ち位置から「身分」「地位」に。

□ **station** /stéiʃən/ 图駅、局、位置、持ち場 動配置する、位置につく

Where is the nearest train station?
最寄りの鉄道の駅はどこですか

There were police officers stationed at every exit.
どの出口にも警察官が配置されていた

□ **state** /stéit/ 图状態、事態、国家 動述べる

Please state your full name for the record.
記録用にあなたのフルネームを言ってください

He was anxious about the state of the country's economy.
彼はその国の経済状態を心配していた

□ **stationery** /stéiʃənèri/ 图文房具

＊かつて教会の前で文房具を売っていたことから

Books and stationery are sold on the third floor.
本と文房具は3階で売っている

□ **stationary** /stéiʃənèri/ 形 静止した、変化のない

＊ station ｛止まる｝ ＋ ary ｛形容詞に｝

The population remains stationary.
人口は変動しないでいる

□ **statesman** /stéitsmən/ 名 政治家

＊ state ｛立つ｝ ＋ man ｛男性｝

Lincoln is my ideal of a statesman.
リンカーンは私の理想の政治家だ

□ **statue** /stǽtʃuː/ 名 像、彫像

The statue is 3 meters tall.
像の高さは3メートルだ

□ **stature** /stǽtʃər/ 名 身長、成長

＊ stat ｛立つ｝ ＋ ure ｛名詞に｝

She has a small stature and is slim.
彼女は小柄でスリムです

□ **status** /stéitəs/ 名 身分、地位

＊ stat ｛立つ｝ ＋ us ｛名詞に｝

What is your status in this university?
この大学でのあなたの身分は何ですか

57

[stat, sta]
●立つ、止まる

WORD ROOTS
エンスト（engine stall）はエンジンが止まること。

□ **stall** /stɔ́ːl/ 動 動かなくなる、エンストする、失速する 名 馬小屋、売店、エンスト

＊止まることから

His car was stalled in a traffic jam.
彼の車は交通渋滞で動けなくなった

Economic growth can stall.
経済成長は失速し得る

I used to eat hamburgers at this stall.
この売店でよくハンバーガーを食べました

□ **estate** /istéit/ 名 地所、財産

＊ e｛外に｝＋ state｛立つ｝

He succeeded to his uncle's estate.
彼はおじさんの財産を相続した

□ **statistics** /stətístiks/ 名 統計（学）

＊ state｛国家｝＋ ics｛学問｝

He majored in statistics at college.
彼は大学で統計学を専攻した

☐ **obstacle** /ɑ́bstəkl/ 图 妨害、邪魔、障害

＊ob {〜に向かって} ＋ sta {立つ} ＋ cle {小さいもの}

We have managed to overcome the first obstacle.
第一の関門はどうにか突破した

☐ **stable** /stéibl/ 圏 安定した

＊sta {立つ} ＋ able {できる}
→動 **stabilize** 安定化する
→名 **stability** 安定

Prices are stable these days.
このところ物価は安定している

The government managed to stabilize the currency.
政府は通貨を何とか安定させた

It could threaten the peace and stability of the region.
それは地域の平和と安定を脅かしかねない

☐ **establish** /istǽbliʃ/ 動 設立する、設定する

＊e {外に} ＋ stable {安定した} ＋ ish {動詞に}
→名 **establishment** 設立、創立、確立

It's hard for me to establish the target now.
今その目標を設定するのは難しい

We earnestly hope for the establishment of future partnerships.
今後のパートナーシップの確立を切望します

58

[stinct, sting, stimu]

●刺す

WORD ROOTS
お箸（chopstick）で刺す。

☐ **distinguish** /distíŋgwiʃ/ 動 区別する、見分ける

* dis ｛離れて｝ + sting ｛刺す｝ + ish ｛動詞に｝
→形 **distinguished** 顕著な、優れた

It's hard to distinguish him from his twin brother.
彼と彼の双子の兄弟を見分けるのは難しい

She's distinguished for her knowledge of science.
彼女は科学の知識に優れている→彼女は科学の造詣が深い

☐ **sting** /stíŋ/ 動 刺す

I was stung by a bee.
私はハチに刺された

☐ **instinct** /ínstiŋkt/ 名 本能

* in ｛上に｝ + stinct ｛刺す｝

Children don't know by instinct the difference between right and wrong.
子どもたちは本能で善悪の区別がわからない

□ **instinctive** /instíŋktiv/ 形 本能的な

＊ instinct ｛本能｝ ＋ tive ｛形容詞に｝

Birds have an instinctive ability to fly.
鳥には本能的に飛ぶ能力がある

□ **distinct** /distíŋkt/ 形 明瞭な、個別の

＊ dis ｛離れて｝ ＋ stinct ｛刺す｝

Her pronunciation is distinct.
彼女の発音は明瞭だ

□ **distinctive** /distíŋktiv/ 形 特色のある、特有の

＊ dis ｛離れて｝ ＋ stinct ｛刺す｝ ＋ ive ｛形容詞に｝

His accent is distinctive of a New Yorker.
彼のアクセントはニューヨーク人特有のものだ

□ **distinction** /distíŋkʃən/ 名 区別、相違

＊ distinct ｛明瞭な｝ ＋ ion ｛名詞に｝

There is a clear distinction between the two parties.
その2政党にはハッキリとした違いがある

59 [stinct, sting, stimu]

● 刺す

WORD ROOTS
鼻を突く悪臭 (stink)。

☐ extinguish /ikstíŋgwiʃ/ 動 消す

* ex {外に} + (s)ting {刺す} + ish {動詞に}
  → 名 **extinction** 消火、絶滅

Don't forget to extinguish your cigarette.
タバコの火を消し忘れないでください

This species is in danger of extinction.
この種は絶滅の危機にある

☐ extinct /ikstíŋkt/ 形 消えた、絶滅した

* ex {外に} + tinct {刺す}

This custom became extinct a long time ago.
この習慣は絶えて久しい

☐ stimulate /stímjulèit/ 動 刺激する

* stimu {刺す} + ate {動詞に}
  → 名 **stimulus** 刺激

Let's consider a way to stimulate potential demand.
潜在需要を刺激する方法を考えてみましょう

Tax cuts provided the stimulus which the slow economy needed.
減税は低迷した景気が必要とする刺激となった

☐ **stink** /stíŋk/ 動 臭う 名 悪臭

＊鼻を刺す

→形 **stinking** 悪臭を放つ、嫌な

The garbage stinks.
そのゴミ、臭い。

What a stink!
臭いなあ！

I've got a stinking cold.
嫌な風邪を引いてしまった

☐ **stick** /stík/ 動 突き刺す、くっつく

Will you stick a stamp on the envelope?
封筒に切手を貼ってくれますか

☐ **sticky** /stíki/ 形 ねばねばする、べとべとする、蒸し暑い

＊ stick {刺す} ＋ y {形容詞に}

Japan is hot and sticky in summer.
日本の夏は蒸し暑い

There's something sticky on the floor.
床に何かべとべとするものがある

60 [stit(ute)]
● 立つ

WORD ROOTS
控え選手のサブは substitute（下で立っている）から。

☐ **constitute** /kάnstətjùːt/ 動 構成する

＊ con ｛共に｝ ＋ stitute ｛立つ｝
→名 **constitution** 構成、構造、体質、憲法

Six members constitute the committee.
　6人がその委員会を構成している

I have a strong constitution.
　私は体が元気だ

The right to speak freely is written into the Constitution of the United States.
　言論の自由はアメリカの憲法に書かれている

☐ **prostitute** /prάstətjùːt/ 動（利益のために名誉など）を売る、身を売る 名 売春婦

＊ pro ｛前に｝ ＋ stitute ｛立つ｝

He is ready to prostitute his soul for the sake of money.
　彼はお金のためなら喜んで魂を売る

☐ **institute** /ínstətjùːt/ 图研究所、学会　動設ける、起こす

* in ｛中に｝ + stitute ｛立つ｝

I'll be in the research institute all day.
　一日中研究室にいます

☐ **substitute** /sábstətjùːt/ 图代用の　動代わりをする　图代理人、補欠（選手）

* sub ｛下に｝ + stitute ｛立つ｝
　→图 **substitution**　代用、代理

We can lend you a substitute machine while yours is being repaired.
　修理の間、代替製品をお貸しすることができます

You cannot substitute money for health.
　お金は健康の代わりにはならない

☐ **obstinate** /ábstənət/ 图頑固な

* ob ｛〜に向かって｝ + stin ｛立つ｝ + ate ｛形容詞に｝

She is obstinate when it comes to the job.
　彼女は仕事のこととなると頑固だ

☐ **destitute** /déstət(j)ùːt/ 图貧窮した、欠けている

* de ｛下に｝ + stitute ｛立つ｝

The destitute man decided to kill himself.
　極貧の男は自殺を決意した

He's destitute of common sense.
　彼は常識がない

61 [strain, stre]

●伸ばす、締める

WORD ROOTS
ストレッチ（stretch）運動で筋肉を伸ばす。

□ **stress** /strés/ 图 ストレス、圧迫、緊張　動 強調する

→形 **stressful**　ストレスがかかる

What makes you feel stress?
あなたは何にストレスを感じますか

What kind of jobs are the most stressful?
どんな仕事が最もストレスがかかりますか

She stressed the importance of health.
彼女は健康の重要さを強調した

□ **strait** /stréit/ 图 海峡

This boat is going to sail through the Strait of Gibraltar.
この船はジブラルタル海峡を通過します

□ **stretch** /strétʃ/ 動 広げる、広がる、伸ばす、伸びる　图 伸び、広がり、一気、一息

How many hours can you work at a stretch?
一息に何時間働けますか

The plains stretch for miles.
平原が何マイルも広がっている

□ **strain** /stréin/ 動 張る、引っ張る、無理をする

Don't strain yourself.
無理をしてはいけません

□ **restrain** /ristréin/ 動 抑える

＊ re ｛後ろへ｝ ＋ strain ｛伸ばす｝
→名 **restraint**　抑制、拘束

He couldn't restrain his excitement.
彼は興奮を抑えられなかった

Just laws are no restraint upon the freedom of the good.
正しい法律は決して善人の自由を拘束しない

□ **constrain** /kənstréin/ 動 強いて〜させる

＊ con ｛共に｝ ＋ strain ｛伸ばす｝
→名 **constraint**　強制、圧迫

My conscience constrained me to apologize to him.
良心の呵責に堪えかね彼に謝罪した

□ **distrain** /distréin/ 動 差し押さえる

＊ dis ｛離れて｝ ＋ strain ｛伸ばす｝

The landlord distrained upon his furniture for rent.
家主は家賃の代わりに彼の家具を差し押さえた

62 [struct]
●立つ

WORD ROOTS
会社を立て直すリストラ (restructure)、re (再び) + struct (立つ) + ure (名詞に) から。

☐ instruct /instrʌ́kt/ 動 指示する、教える

＊ in {上に} + struct {立つ}
- → 图 **instruction** 教え、指図
- → 形 **instructive** ためになる

I instructed them to send that contract form.
私は彼らにその契約書を送るように指示した

Always read the instructions before you start.
いつも、始める前にまず指示を読みなさい

This book is both interesting and instructive.
この本は面白くもあり、ためにもなる

☐ structure /strʌ́ktʃər/ 图 構造

＊ struct {立つ} + ure {名詞に}

Sociologists have studied the changing structure of the family.
社会学者たちは家族構造の変化を研究してきた

☐ **construct** /kənstrʌ́kt/ 動 建設する

* con ｛共に｝ ＋ struct ｛立つ｝
  - →形 **constructive**　建設的な
  - →名 **construction**　建設、工事

It took more than 10 years to construct this castle.
この城を建設するのに 10 年以上かかった

Your opinion is very constructive.
あなたの意見は非常に建設的だ

The road was under construction.
道路は工事中だった

☐ **destructive** /distrʌ́ktiv/ 形 破壊的な

* de ｛〜でない｝ ＋ struct ｛立つ｝ ＋ ive ｛形容詞に｝

The earthquake in the Kanto district was the most destructive on record.
関東大震災は歴史上、最も破壊的だった

☐ **obstruct** /əbstrʌ́kt/ 動 さえぎる

* ob ｛〜に向かって｝ ＋ struct ｛立つ｝
  - →名 **obstruction**　妨害、邪魔

The new building will obstruct the view.
新しいビルは景観をさえぎるだろう

There was an obstruction in the pipe.
パイプが詰まっていた

☐ **destroy** /distrɔ́i/ 動 破壊する

* de ｛〜でない｝ ＋ stroy ｛立つ｝
  - →名 **destruction**　破壊

His house was destroyed by a bomb.
彼の家は爆弾で破壊された

We should stop the destruction of the rainforests.
私たちは熱帯雨林の破壊を止めるべきだ

63 [sume]

●取る

WORD ROOTS
魚介類を煮出した汁に味をつけた澄ましスープのコンソメ（consommé）は「完成した」の意味から。

□ **consume** /kənsúːm/ 動 消費する、使い果たす

＊ con ｛完全に｝ ＋ sume ｛取る｝
　→名 **consumer** 消費者

The goal is to consume as little fuel as possible.
目標は最小限の燃料消費にすることだ

I'm opposed to the raising of the consumer tax.
私は消費税を上げることに反対です

□ **consumption** /kənsʌ́mpʃən/ 名 消費（量）

＊ consume ｛消費する｝ ＋ tion ｛名詞に｝

That car has good fuel consumption.
その車は燃費が良い

□ **assume** /əsúːm/ 動 （当然だと）思おう

＊ a(s) ｛〜の方へ｝ ＋ sume ｛取る｝
　→名 **assumption** 前提、仮定、想定

I assumed that he would forgive me.
私は彼が許してくれると思っていた

My calculations were based on the assumption that house prices would remain steady.
私の計算は、家の価格が安定しているという前提に基づいていた

□ **resume** /rizú:m/ 動**再開する**

→名 **resumé** /rézumèi/ レジュメ、概要、履歴書

* re ｛再び｝ ＋ sume ｛取る｝

University classes will resume from tomorrow.
大学の授業が明日から再開する

I'll take my resumé when I go for the job interview.
就職の面接に行く時に、履歴書を持って行きます

□ **presume** /prizú:m/ 動**推測する、仮定する**

* pre ｛前に｝ ＋ sume ｛取る｝

→名 **presumption** 推測、見込

This is what I presume.
そのように私は推測します

□ **sumptuous** /sʌ́mptʃuəs/ 形**贅沢な、高価な**

* sumpt ｛取る｝ ＋ ous ｛形容詞に｝

They are staying in a sumptuous hotel near the beach.
彼らはビーチの近くの贅沢なホテルに泊まっている

64 [tact, tach]

●触れる

WORD ROOTS
目に直接触れるコンタクトレンズ（contact lens）。

□ **contact** /kάntækt/ 動 連絡する、接触する 名 連絡、接触、交信

* con {共に} + tact {触れる}

You'd better contact the police immediately.
すぐに警察に連絡をしたほうがいいよ

The pilot kept in contact with the control tower.
パイロットは管制塔との交信を続けた

□ **contagious** /kəntéidʒəs/ 形 伝染性の、うつりやすい

* con {共に} + tag {触れる} + ous {形容詞に}

Yawning is contagious.
あくびはうつりやすい

□ **intact** /intǽkt/ 形 損なわれていない、無傷の

* in {～でない} + tact {触れる}

The safe remained intact in the fire.
その火事でも金庫は無事だった

☐ **detach** /ditǽtʃ/ 動 引き離す

* de {離れて} ＋ tach {触れる}
  → 形 **detached**　分離した、一戸建ての、公平な

Some of them detached themselves from the party.
彼らの中には党を離れるものもいた

☐ **attach** /ətǽtʃ/ 動 くっつける、添える、加える

* a(t) {〜の方へ} ＋ tach {触れる}

This hospital is attached to the medical department.
この病院は医学部の付属です

I'll attach the documents to the email and send them.
書類をメールに添付して送ります

☐ **tangible** /tǽndʒəbl/ 形 有形の、具体的な

* tang {触れる} ＋ ible {できる}
  → 反 **intangible**　無形の

It's about time we made tangible plans for the project.
そろそろプロジェクトの具体的な計画を立てないといけません

It has been designated a significant intangible cultural asset of the country.
それは国の重要無形文化財に指定されている

65 [tort]

● ねじる

WORD ROOTS
トーチ（torch）はねじ曲がったものから。

☐ **distort** /distɔ́ːrt/ 動 ゆがめる

* dis ｛離れて｝ ＋ tort ｛ねじる｝
  →名 **distortion** 歪曲、ゆがみ

He distorted the facts to make his report more exciting.
彼は記事を面白くするために事実をゆがめた

This new stereo produces a clear sound with no distortion.
この新しいステレオからは、ひずみのない澄んだ音が出てくる

☐ **retort** /ritɔ́ːrt/ 動 言い返す

* re ｛再び｝ ＋ tort ｛ねじる｝

"It's none of your business," he retorted.
「君の知ったことではない」と彼は言い返した

☐ **contort** /kəntɔ́ːrt/ 動 ゆがめる、ねじ曲げる

* con ｛完全に｝ ＋ tort ｛ねじる｝
  →名 **contortion** ねじれ、歪曲

His face was contorted with pain.
彼の顔は苦痛でゆがんでいた

☐ **extort** /ikstɔ́ːrt/ 動 ゆすり取る、奪い取る

＊ ex {外に} ＋ tort {ねじる}
→名 **extortion** 強要、ゆすり

The gang extorted money from over 30 local companies.
ギャングは地元の 30 以上の企業から金をゆすり取った

He is capable of extortion.
彼はゆすりはやりかねない

☐ **torture** /tɔ́ːrtʃər/ 名 拷問

＊ tort {ねじる} ＋ ure {名詞に}

His lecture on chemistry was nothing but torture.
彼の化学の講義は拷問以外の何物でもなかった

☐ **torment** /tɔ́ːrment/ 名 苦悩、苦痛　動 悩ませる、苦しません

＊ tor {ねじる} ＋ ment {名詞に}

Don't torment me with such silly questions.
そんなばかげた質問で私を悩ませないで→そんなばかげた質問しないでよ

It's difficult for us to understand the torment the hostages are going through.
人質が経験している苦悩を私たちが理解することは難しい

66 [tract, tra, trai, trea]

●引く

WORD ROOTS
自動車で引っ張るトレーラーハウス(trailer house)。

□ **trace** /tréis/ 動 たどる、さかのぼる 名 跡、形跡、痕跡、少し

He went to Africa to trace his family's roots.
彼は家系のルーツを求めてアフリカに行った

There is a trace of a German accent in his English.
彼の英語には少しドイツ語なまりがある

□ **traceability** /trèisəbíləti/ 名 さかのぼって突き詰めること

＊ trace {引く} ＋ able {できる} ＋ ity {名詞に}
→形 **traceable** 突きつめられる

Traceability is the ability to track any food through all stages of production, processing and distribution.
トレーサビリティーとはどんな食料でも製造、過程、分配のあらゆる段階を遡って確認できる能力のことである

□ **trail** /tréil/ 動引きずる、追跡する 名通った跡、山道

They trailed the terrorists to their hideout.
彼らはテロリストたちを隠れ家まで追跡した

This is the scenery from the mountain trail.
これは登山道からの景色です

□ **portrait** /pɔ́:rtrit/ 名肖像画

＊port｛前に｝＋ trait｛引く→描く｝
→動 **portray** 肖像を描く、描く

This portrait looks just like her.
この肖像画は彼女にそっくりだ

The President likes to portray himself as a friend of working people.
大統領は自分を労働者の仲間として描きたがっている

□ **trait** /tréit/ 名特性、特徴

＊引き継いだものから

Modesty was regarded as a common trait of the Japanese.
謙遜は日本人共通の特性と見なされていた

□ **track** /trǽk/ 動追跡する 名跡、小道、鉄道線路、トラック競技

The police tracked down the criminal.
警察は犯人を追い詰めて逮捕した

The train jumped the tracks.
列車が脱線した

I belonged to the track and field club in high school.
私は高校時代、陸上部に入っていました

67

[tract, tra, trai, trea]

● 引く

WORD ROOTS
契約 (contract) は手を引く (tract) 合う (con) こと。

☐ **attract** /ətrǽkt/ 動 引きつける

* a(t) {～の方へ} + tract {引く} →引きつける
  - →名 **attraction** 魅力、呼び物、乗り物
  - →形 **attractive** 魅力的な

That village is working hard to attract tourists.
その村は観光客の誘致に励んでいる

Have you ever ridden this attraction before?
以前にこの乗り物に乗ったことがありますか

He was a tall, attractive man in his mid-forties.
彼は長身で魅力的な40歳半ばの男性だった

☐ **contract** /kάntrækt/ 名 契約 動 契約する、縮む、縮小する

* con {共に} + tract {引く} →引き合う

They continued the contract negotiations.
彼らは契約の交渉を続けた

They are contracted to work 35 hours a week.
彼らは週35時間労働の契約をしている

The economy has contracted by 3.5% since last year.
景気は昨年から3.5%縮小している

☐ **distract** /distrǽkt/ 動（気を）そらす

＊ dis ｛離れて｝ ＋ tract ｛引く｝ →引いてそらす
→图 **distraction** 気晴らし、娯楽

Don't distract me while I am studying.
勉強中に邪魔をしないで

☐ **subtract** /səbtrǽkt/ 動 引く、減じる

＊ sub ｛下に｝ ＋ tract ｛引く｝ →引き下げる
→图 **subtraction** 引き算

If you subtract two from five, you get three.
5引く2は3

☐ **detract** /ditrǽkt/ 動 減じる、損ねる

＊ de ｛下に｝ ＋ tract ｛引く｝ →引き下げる
→图 **detraction** 減損、非難

Pink curtains will detract from the effect of the room's decor.
ピンクのカーテンはその部屋の装飾効果を損ねてしまうだろう

☐ **extract** /ikstrǽkt/ 動 抜き取る、取り出す　图 /ékstrækt/ 抽出物、エキス、抜粋

＊ ex ｛外に｝ ＋ tract ｛引く｝ →引き出す

They tried to extract all kinds of information about her private life.
彼らは彼女の私生活に関するあらゆる情報を引き出そうとした

The passage is an extract from Shakespeare.
この一節はシェークスピアからの抜粋だ

68

[tract, tra, trai, trea]

● 引く

WORD ROOTS
レトリバー（retriever）は re（元に）＋ triev（引く）＋ er（もの）から獲物を持って来る犬。

☐ **treat** /tríːt/ 動 取り扱う、治療する、ごちそうする 名 おごり、ごちそう

→ 名 **treatment** 扱い、治療

This will be my treat.
これは私のおごりです

I'll treat you to dinner today.
今日は夕食をご馳走するよ

She is continuing treatment.
彼女は治療を続けている

☐ **abstract** /æbstrǽkt/ 動 抽出する、取り除く 形 /ǽbstrækt/ 抽象的な

＊ ab ｛離れて｝ ＋ tract ｛引く｝ →引き出す

Abstract painting is not to my taste.
抽象絵画は私の趣味に合わない

Salt was abstracted from seawater.
海水から塩分が取り除かれた

☐ **treaty** /trí:ti/ 图 条約

＊ treat ｛引く｝ ＋ y ｛名詞に｝

The treaty has been concluded.
条約が成立した

☐ **retreat** /ritrí:t/ 動 後退する、退却する 图 後退、退却

＊ re ｛後ろへ｝ ＋ treat ｛引く｝

They had no choice but to retreat.
彼らは退却するしかなかった

☐ **treason** /trí:zn/ 图 反逆（罪）

＊引き渡すことから

He was arrested on a charge of treason.
彼は反逆罪で逮捕された

☐ **retrieve** /ritrí:v/ 動 取り戻す、回収する

＊ re ｛再び｝ ＋ trieve ｛引く｝ →引き戻す
　→图 **retrieval** 取戻し、回収

The new system can retrieve data much faster.
新しいシステムはデータを一層速く引き出せる

69

[vent]

● 来る

WORD ROOTS
どこに行ってもついて来る便利なコンビニ（convenience store）。

□ **invent** /invént/ 動 発明する

＊ in ｛上に｝ + vent ｛来る｝ →頭に思いつく
　→形 **inventive** 発明の才のある
　→名 **invention** 発明

It wasn't always easy for Edison to invent new things.
新しいものを発明することはエジソンにとって必ずしも楽なことではなかった

Edison was an inventive genius of the United States.
エジソンは米国の発明の天才であった

Necessity is the mother of invention.
必要は発明の母である

□ **convenient** /kənvíːnjənt/ 形 便利な、都合の良い

＊ con ｛共に｝ + ven ｛来る｝ + ent ｛形容詞に｝ →いつでも一緒について来る
　→名 **convenience** 便利、利便性

When would be convenient for you?
都合の良いのはいつですか

Please reply at your convenience.
ご都合の良い時にお返事ください

□ **prevent** /privént/ 動 妨げる

* pre {前に} + vent {来る} →前に出る
  →图 **prevention** 予防、妨害
  →图 **preventive** 予防の

The accident prevented me from being in time for the meeting.
その事故のために私は会議に間に合わなかった

This is Fire Prevention Week.
今週は火災予防週間です

□ **advent** /ǽdvent/ 图 到来、出現

* ad {〜の方へ} + vent {来る} →こっちに来る

The writer predicted the advent of the space age.
その作家は宇宙時代の到来を予知していた

□ **adventure** /ædvéntʃər/ 图 予期せぬ出来事、冒険

* ad {〜に方へ} + vent {来る} + ure {名詞に} →こっちにやってくるもの

He went traveling in search of adventure.
彼は冒険を求めて旅に出た

□ **venture** /véntʃər/ 图 冒険、冒険的事業 動 思い切って〜する

* adventure の ad が消音したもの

They had a substantial stake in the venture.
彼らはその事業にかなりの金をつぎ込んだ

I'd venture to say that you are wrong.
あえて申し上げますが、あなたは間違っています

第6章 動詞的な意味を持つ語根から連想する英単語

375

70

[vent]
● 来る

WORD ROOTS
大通り（avenue）はみんながこっちの方へ（a）＋やってくる（venue）ことから。

☐ convention /kənvénʃən/ 图 集会、大会、しきたり

* con ｛共に｝ ＋ vent ｛来る｝ ＋ ion ｛名詞に｝ →みんなでやって来ること
    → 圈 **conventional** 慣例的な、型にはまった
    → 動 **convene** 招集する

The party convention was put off until next week.
党大会は来週に延期された

He overturned conventional wisdom.
彼は従来の常識を覆した

The Diet is to convene at 3 p.m. tomorrow.
国会は明日午後3時に開会する

☐ event /ivént/ 图 出来事、催し、（大）事件

* e ｛外に｝ ＋ vent ｛来る｝ →外でやるもの
    → **eventually** 副 結局

Meeting Professor Currie was an event which changed my life.
カリー教授に会ったことは私の人生を変える出来事だった

Eventually, she got a job and moved to Tokyo.
結局、彼女は就職して東京に行った

□ **avenue** /ǽvənjùː/ 名大通り、並木道

＊a ｛～の方へ｝＋ venue ｛来る｝→～に近づく道

The car broke down in the middle of the avenue.
大通りの真ん中でその車は故障した

□ **venue** /vénjuː/ 名開催地

＊ラテン語の「来る」から

There was a large audience gathered in the venue.
会場には観衆がたくさん集まっていた

□ **revenue** /révənjùː/ 名歳入、財源、収入

＊ re ｛元に｝＋ venue ｛来ること｝

This graph shows the amount of tourism revenue.
このグラフは観光収入の額を示している

□ **intervene** /ìntərvíːn/ 動干渉する、介入する

＊ inter ｛間に｝＋ vene ｛来る｝→間に入る
→名 **intervention** 干渉、仲裁、介入

We should not intervene in the internal affairs of another country.
私たちは他国の内政に干渉するべきではない

He opposed U.S. military intervention overseas.
彼はアメリカの海外での軍事介入に反対した

71 [verse, vert]

●回る、曲がる

WORD ROOTS
裏返して着られるリバーシブル (reversible) は re (再び) + verse (回る) + ible (〜できる) から。

□ **converse** /kənvə́ːrs/ 動 談話する、会話する　形 反対の、逆の

＊ con {共に} + verse {回る} →お互いに言葉を交わす
→名 **conversation**　会話

They usually converse in English.
彼らは英語で会話を交わす

His opinions are converse to mine.
彼の意見は私の意見と正反対だ

There are some English conversation schools near the station.
駅の近くに英会話の学校がいくつかある

□ **versus** /və́ːrsəs/ 前 …対

＊互いに向かい合っていることから

Tonight's televised baseball game is the Giants versus the Tigers.
今晩のテレビの野球放送はジャイアンツ対タイガースです

☐ **reverse** /rivə́ːrs/ 動 逆にする、ひっくり返す 名 逆、反対 形 逆の、裏の

* re {後ろに} + verse {回る}
  →形 **reversible** 逆にできる、裏にできる

That situation will soon reverse.
じきにその状況は逆転するだろう

He is wearing a reversible jacket today.
彼は今日、リバーシブルの上着を着ている

☐ **averse** /əvə́ːrs/ 形 嫌って、反対で

* a(d) {離れて} + verse {回る} →反対に回って

He's averse to our plan.
彼は私たちの計画に反対だ

☐ **adverse** /ædvə́ːrs/ 形 反対の、逆方向の

* ad {離れて} + verse {回る} →反対に回って
  →名 **adversity** 不運、逆境

He always shows his best ability under adverse circumstances.
彼は常に逆境で最大の能力を発揮する

Adversity makes a man wise.
逆境は人を賢くする

☐ **perverse** /pərvə́ːrs/ 形 道理に反する、ひねくれた

* per {間違って} + verse {曲がる} →違う方へ曲がる

He must have been a perverse fellow.
彼はつむじ曲がりな人だったに違いない

72

[verse, vert]

●回る、曲がる

WORD ROOTS
太陽を中心に回る宇宙は universe、uni（1つ）＋ verse（回る）から。

□ **divert** /divə́:rt/ 動 わきへそらす

* di ｛離れて｝＋ vert ｛曲がる｝
 → 名 **diversion** そらすこと、気晴らし
 → 名 **diversity** 相違（点）、多様性
 → 形 **diverse** 異なった、別種の
 → 関連 動 **diversify** 多様化する

How do you divert yourself?
　どんな風に気晴らしをしますか

He has diverse abilities.
　彼は多彩な才能を持っている

We encourage your company to develop diversity.
　私たちは貴社が多様性を発展させることを推奨します

□ **versatile** /və́:rsətl/ 形 多芸の、用途の広い

* vers ｛回る｝＋ ile ｛形容詞に｝

Iron is a versatile material.
　鉄は用途の広い材料だ

☐ **divorce** /divɔ́:rs/ 图離婚 動離婚する

* di {離れて} + vorce {回る} →離れて行く

Their marriage ended in divorce.
彼らの結婚は離婚で終わった

My parents divorced when I was six.
私の両親は私が6歳の時に離婚した

☐ **controversy** /kántrəvə̀:rsi/ 图論争

* contro {反対に} + versy {回ること}
→形 **controversial** 論争の、物議を醸す

His bold plan gave rise to much controversy.
彼の大胆な計画は大きな論争を起こした

It is highly controversial whether sending troops overseas is constitutional or not.
海外派兵は合憲か違憲かは、非常に物議をかもす問題だ

☐ **avert** /əvə́:rt/ 動避ける、そむける

* a(b) {離れて} + vert {曲がる}
→图 **aversion** 反感、嫌悪

No one can avert death.
誰しも死を避けることはできない

☐ **convert** /kənvə́:rt/ 動変える、替える、両替する

* con {共に} + vert {回る}
→图 **conversion** 転換、変化、両替

This is almost 1,000 dollars if you convert it into dollars.
これはドルに換算するとほぼ1,000ドルです

73 [verse, vert]

●回る、曲がる

WORD ROOTS
気持ちが内に向いている人は introvert、intro（内に）+ vert（回る）から。
気持ちが外に向いている人は extrovert、extro（外に）+ vert（回る）から。

☐ **advertise** /ǽdvərtàiz/ 動広告する、宣伝する

* ad ｛〜の方へ｝+ vert ｛曲がる｝+ ise ｛動詞に｝
→图 **advertisement** 広告、宣伝

The company will advertise its new product on TV.
その会社はテレビで新製品を宣伝するだろう

The company put a big advertisement in the paper.
その会社は新聞に大きな広告を載せた

☐ **extrovert** /ékstrəvə̀:rt/ 形外向性の、社交的な 图外向的な人

* extro ｛外に｝+ vert ｛回る｝

He is an extrovert and has a lot of friends.
彼は外向的で友達がたくさんいる

☐ **introvert** /íntrəvə̀:rt/ 形内向的な 图内向的な人

* intro ｛中に｝+ vert ｛回る｝

His wife is an introvert.
彼の妻は内向的な人だ

☐ **invert** /invə́:rt/ 動 逆さまにする、ひっくり返す

＊ in ｛中に｝ ＋ vert ｛回る｝

A mirror inverts the placement of things in its reflection.
鏡に映ったものは反対になる

☐ **vertical** /və́:rtikəl/ 形 垂直の

＊ vert ｛曲がる｝ ＋ ical ｛形容詞に｝

→ 関連 形 **horizontal** 水平の、地平線の、水平線の

The motion of the earthquake last night was vertical.
昨夜の地震は上下動だった

The wine bottles should be kept in a horizontal position.
ワインボトルは水平に保管したほうがよい

☐ **pervert** /pərvə́:rt/ 動 悪用する、正道からそらす

＊ per ｛間違って｝ ＋ vert ｛曲がる｝ →違う方へ曲がる

He tried to pervert the law to suit himself.
彼は自分の都合のいいように法律を悪用しようとした

74 [vide]

●分ける

WORD ROOTS
ディバイダー (divider) は分割器、di（離れて）＋ vide（分ける）＋ er（もの）から。

☐ **divide** /diváid/ 動 分ける、分かれる

＊ di {離れて} ＋ vide {分ける}
→图 **division** 分割、部門、分裂

How shall we divide the profits?
利益をどのように分配しましょうか

She works in the personnel division.
彼女は人事課で働いています

☐ **dividers** /diváidərz/ 图 コンパス

＊ divide {分ける} ＋ er {もの}

Will you lend me a pair of dividers?
コンパスを貸してくれますか

☐ **dividend** /dívədènd/ 图 配当（金）、分け前

＊分けられものから

The corporation paid a liquidating dividend to the shareholders as a return on capital.
会社は元金の返却として株主に清算配当金を払った

□ **devise** /diváiz/ 動 工夫する、考案する

＊ de ｛離れて｝ ＋ vise ｛分ける｝ →好みに合うように分ける

We must devise methods for recycling waste products.
私たちは廃棄物の再生利用法を考え出さねばならない

□ **device** /diváis/ 名 工夫、装置、道具

＊好みに合うように分けること

A cellphone is a handy device.
携帯電話は便利な道具だ

□ **individual** /ìndəvídʒuəl/ 形 個人の、個々の　名 個人

＊ in ｛でない｝ ＋ divid ｛分ける｝ ＋ ual ｛形容詞に｝ →分けることができない
　→動 **individualize**　個性を発揮させる、個々に扱う
　→形 **individualistic**　個人主義の、独特の
　→副 **individually**　個々に

This computer is for individual use.
このコンピュータは個人専用です

We need to individualize education.
個人に合わせた教育を行う必要がある

She has a highly individualistic approach to painting.
彼女は極めて独特な絵画法を持っている

The President addressed us individually.
大統領は私たち一人ひとりに話しかけた

75

[viv, vit]
● 生きる

WORD ROOTS
生きるのに必要なビタミン（vitamine）豊富な果物、vit（生きる）＋ amine（アミノ酸）から。

☐ **revive** /riváiv/ 動 生き返る、復活する

＊ re {再び} ＋ vive {生きる}
→ 名 **revival** 復活、蘇生

The old custom revived after the war.
戦後、その古い習慣が復活した

The new government is adopting various measures to realize economic revival.
新政府は経済復興を実現させるために様々な方策を採用している

☐ **vital** /váitl/ 形 極めて重要な、命に関わる

＊ vit {生きる} ＋ al {形容詞に}
→ 副 **vitally** 非常に、極めて、生命上

It is vital to continue your efforts.
努力を続けることが非常に重要だ

Terrorism is an issue that vitally affects the security of the United States.
テロリズムはアメリカの治安に非常に影響を与える問題だ

□ **vivid** /vívid/ 形 生き生きとした

* viv {生きる} + id {形容詞に}

The scene is still vivid in my memory.
その光景は今もなお記憶に生々しい

□ **survive** /sərváiv/ 動 生き残る、〜より長生きする

* sur {超えて} + vive {生きる}
  →名 **survival** 生き残り

They are struggling to survive in business.
彼らはビジネスの世界で生き延びようと奮闘している

He survived his wife by three years.
彼は妻より3年長生きした

The company is struggling for survival.
会社は生き残りをかけて奮闘している

□ **vitalize** /váitəlàiz/ 動 活気づける、生命を与える

* vital {極めて重要な} + ize {動詞に}

I want to vitalize Japanese companies through human resource training.
私は人材育成を通じて日本社会を活気づけたい

□ **revitalize** /ri:váitəlaiz/ 動 再活性化する、新しい生命を与える

* re {再び} + vitalize {活性化する}
  →名 **revitalization** 再活性化

They want to revitalize this shopping area.
彼らはこの商店街を再活性化させたいと思っている

76 [war(d), gard]
●見る

WORD ROOTS
前に進むフォワード（forward）、for（前を）＋ ward（見る）から。

□ **regard** /rigá:rd/ 動 考える、みなす 名 尊敬、配慮、よろしくという挨拶

* re ｛後ろを｝ ＋ gard ｛見る｝ →振り返って見る
  → 関連 **regarding** 前 〜については

She is regarded as one of the most influential writers.
彼女は最も影響力のある作家の一人と思われている

Please give my best regards to Mr. Smith.
スミスさんによろしくお伝えください

Regarding payment, please send us a check.
お支払いについては小切手をお送りください

□ **award** /əwɔ́:rd/ 動 授与する、裁定により与える 名 賞品、賞

* a ｛〜の方へ｝ ＋ ward ｛見る｝ →〜の方を見る

She was awarded the Nobel Peace Prize.
彼女はノーベル平和賞を授与された

I received a 30-year service award of a gold watch.
私は勤続30年のお祝いに金時計を贈られた

☐ **reward** /riwɔ́:rd/ 图 報酬、報奨金 動 報いる

* re {後ろを} ＋ ward {見る} →振り返って見る

He doesn't deserve the reward.
　彼はその賞を受ける価値はない

☐ **forward** /fɔ́:rwərd/ 動 転送する、送る　副 前へ　形 前方の、先物の

* for {前を} ＋ ward {見る}

Please forward my mail to this new address.
　私の郵便物をこの新住所に転送してください

We have forwarded our price list to you today.
　本日価格表をお送り致しました

I'm **looking forward to** seeing you again.
　またお会いできることを楽しみにしています

☐ **aware** /əwéər/ 形 気づいている

* a {〜の方を} ＋ ware {見る} →見ている

She seems to be aware of the whole situation.
　彼女は事情を全て知っているようだ

☐ **beware** /biwéər/ 動 用心する

* be {〜であれ} ＋ ware {見る} →見なさい

Beware of pickpockets.
　スリに用心

第6章 動詞的な意味を持つ語根から連想する英単語

索引

A

abate	174
abduct	269
abduction	269
abolish	17
abominable	17
aboriginal	17
abortive	17
abroad	16
abrupt	322
abruptly	322
abstract	372
abuse	169
accept	246
acceptance	246
accepted	246
access	332
accessible	332
acclaim	179
acclamation	179
accommodate	68
accommodation	68
accomplish	311
accomplishment	311
accord	46
according to	46
account	182
accountability	183
accountable	183
accountant	183
accredited	259
accuracy	141
accurate	141
accustom	187
accustomed	187
achieve	40
achievement	40
acquire	319
acquisition	319
act	238
action	238
activate	239
active	238
activity	239
actual	239
actually	239
adapt	98
adaptability	98
adaptable	98
adaptation	98
addict	16
address	18
adept	99
adhere	18
adherent	18
adjoin	287
adjoining	287
adjust	106
adjustment	106
administer	115
administration	115
administrative	115
admirable	63
admiration	62
admire	62
admission	295
admit	295
adolescent	18
adopt	18
adoption	18
advent	375
adventure	375
adverse	379
adversity	379
advertise	382
advertisement	382
advocate	93
affect	193
affirmative	103
agency	241
agenda	241
agent	241
aggression	58
aggressive	58
agitate	241
agitation	241
agitator	241
agree	148
agreeable	148
agreement	148
alarm	139
alias	97
alien	96
alienable	96
alleviate	289
alleviation	289
allocate	154
allocation	154
allot	16
allure	16
alma mater	65
alongside	108
alter	96
alteration	96
altercation	97
alternate	97
alternative	97
analysis	290
analyst	290
analyze	290
ancestor	335
ancestry	335
annals	35
annex	303
anniversary	34
annual	34
annually	34
annuity	35
apart	208
applicant	308
application	308
apply	308
appoint	76
appointee	76
appointment	76
appraise	163
appreciate	163
appreciation	163
approval	215
approve	215
apt	99
aptitude	99
arm	138
armament	138
armistice	139
armory	139
army	138
ascend	327
ascent	327
ascertain	249
aspect	340
aspiration	346
aspire	346
assail	325
assailant	325
assault	325
assemble	127
assembly	127
assent	217
assess	339
assessment	339
assign	82
assignment	82
assimilate	126
assimilation	126
associate	164
association	164
assume	362
assumption	362
assurance	129
assure	129
astonish	130
astonishing	130
astonishment	100
astound	130

astounding 130	*battlefield* 174	claim 178
attach 365	beat 175	clamor 178
attain 223	befall 195	clause 180
attend 224	behave 200	client 255
attendance 224	*behavior* 200	climate 255
attention 224	beware 389	*climatic* 255
attest 228	biannual 35	clinic 254
attitude 99	*bicentennial* 34	close 180
attract 370	biography 198	closet 180
attraction 370	by-pass 71	closure 181
attractive 370	**C**	coeducational 19
auction 242	call 176	coexist 19
auctioneer 242	calligraphy 199	*coexistence* 19
audible 245	calling 177	cohabit 203
audience 245	capable 39	*cohabitant* 203
audit 244	capacity 40	*cohabitation* 203
audition 244	capital 38	collocate 155
auditorium 245	*capitalism* 38	comfort 52
augment 243	*capitalist* 38	*comfortable* 52
author 242	*capitalize* 38	commemorate 66
authority 243	Capitol 39	*commemoration* 66
authorize 243	*captivate* 39	*commemorative* 66
authorized 243	captive 39	commerce 157
authorship 242	capture 39	*commercial* 157
autobiography 198	cardboard 44	*commission* 297
autocracy 100	care 141	commit 297
autocrat 100	career 43	committee 297
autocratic 100	careful 141	commodity 69
autograph 101	carfare 197	compensate 307
automat 101	cargo 43	*compensation* 307
automated 101	carriage 43	complicated 311
automatic 100	carrier 43	compliment 310
automobile 301	carry 42	*complimentary* 310
autonomous 101	cartel 45	compose 314
autonomy 101	carton 45	*composition* 314
avail 171	cartoon 45	compress 213
available 171	centennial 34	compromise 294
avenue 377	center 142	concede 335
averse 379	central 142	concentrate 142
aversion 381	*centralization* 143	*concentration* 142
avert 381	centralize 143	concept 247
avoid 133	centrifugal 143	conception 247
avoidance 133	*centrifuge* 143	concern 248
avow 235	centripetal 143	*concerning* 248
avowal 235	certain 248	*concession* 335
award 388	certificate 249	conciliation 177
aware 389	*certification* 249	concise 251
B	*certified* 249	concord 46
bankrupt 322	certify 249	concur 263
bankruptcy 322	charge 42	*concurrence* 263
bar 36	chart 44	conduct 270
barometer 292	charter 44	*conductor* 270
barricade 37	chief 40	*confederate* 147
barrier 36	circle 252	confederation 147
barrier-free 36	*circular* 252	confer 277
barrister 37	circulate 253	*conference* 277
batter 175	*circulation* 253	confide 146
battery 175	circumference 253	*confidence* 146
battle 174	circumstances 252	confident 146

confidential ··· 146	convene ··· 376	custom-made ··· 186
confidentially ··· 146	*convenience* ··· 374	**D**
confine ··· 279	convenient ··· 374	debate ··· 174
confirm ··· 102	convention ··· 376	debit ··· 267
confirmation ··· 102	*conventional* ··· 376	debt ··· 267
conform ··· 51	conversation ··· 378	debtor ··· 267
congratulate ··· 149	converse ··· 378	decide ··· 250
congratulation ··· 149	*conversion* ··· 381	*decision* ··· 250
congress ··· 59	convert ··· 381	*decisive* ··· 250
congressman ··· 59	convey ··· 91	decline ··· 255
conjunction ··· 287	*conveyance* ··· 91	decrease ··· 257
conjure ··· 107	cooperate ··· 19	deduce ··· 271
connect ··· 302	*cooperation* ··· 19	deduct ··· 271
connection ··· 302	*cooperative* ··· 19	*deduction* ··· 271
connotation ··· 205	coordinate ··· 159	defect ··· 192
connote ··· 205	cordial ··· 47	defend ··· 20
conquer ··· 318	corrupt ··· 323	*defense* ··· 20
conquest ··· 318	*corruption* ··· 323	defer ··· 277
conscript ··· 329	costume ··· 187	*deficiency* ··· 190
conscription ··· 329	council ··· 176	deficient ··· 190
consecutive ··· 331	*councilor* ··· 176	deficit ··· 190
consent ··· 217	count ··· 182	define ··· 279
conservation ··· 219	counteract ··· 239	definite ··· 279
conservative ··· 219	courage ··· 47	*definition* ··· 279
conserve ··· 219	*courageous* ··· 47	deforestation ··· 20
consider ··· 87	cover ··· 184	defrost ··· 20
considerable ··· 87	coverage ··· 185	degrade ··· 57
considerate ··· 87	covert ··· 185	degree ··· 57
consideration ··· 87	coworker ··· 19	demagogue ··· 145
consign ··· 83	create ··· 256	democracy ··· 144
consignment ··· 83	*creation* ··· 256	*democrat* ··· 144
conspicuous ··· 345	creative ··· 257	*democratic* ··· 144
conspiracy ··· 347	*creativity* ··· 257	*democratize* ··· 144
conspire ··· 347	creature ··· 256	*demographic* ··· 145
constellation ··· 87	credence ··· 259	demography ··· 145
constitute ··· 356	credential ··· 259	demote ··· 301
constitution ··· 356	credit ··· 258	*demotion* ··· 301
constrain ··· 359	creditable ··· 258	*denotation* ··· 204
constraint ··· 359	*creditor* ··· 258	denote ··· 204
construct ··· 361	credulous ··· 258	depart ··· 209
construction ··· 361	creed ··· 259	department ··· 209
constructive ··· 361	crisis ··· 260	departure ··· 209
consume ··· 362	criterion ··· 261	depend ··· 304
consumer ··· 362	critic ··· 261	dependence ··· 305
consumption ··· 362	critical ··· 260	*dependent* ··· 305
contact ··· 364	*criticism* ··· 260	deploy ··· 309
contagious ··· 364	criticize ··· 260	*deployment* ··· 309
contain ··· 222	cure ··· 140	deport ··· 79
contemporaneous ··· 89	*curiosity* ··· 141	*deportation* ··· 79
contemporary ··· 88	curious ··· 141	depose ··· 314
contend ··· 225	currency ··· 262	deposit ··· 313
content ··· 225	current ··· 262	depreciate ··· 163
contest ··· 228	cursor ··· 262	*depreciation* ··· 163
contestant ··· 228	curtail ··· 221	depress ··· 212
contort ··· 366	custom ··· 186	*depression* ··· 212
contortion ··· 366	customary ··· 186	descend ··· 326
contract ··· 370	custom-built ··· 186	descendant ··· 327
controversial ··· 381	customer ··· 187	*descent* ··· 326
controversy ··· 381	customize ··· 107	describe ··· 328

Term	Page
description	328
design	83
designate	83
designation	83
desirable	86
desire	86
despise	344
destitute	357
destroy	361
destruction	361
destructive	361
detach	365
detached	365
detail	221
detailed	221
determine	167
determined	167
detest	229
detour	20
detract	371
detraction	371
devastate	135
devastation	135
deviate	90
deviation	90
device	385
devise	385
devote	234
devoted	234
devotion	234
diameter	293
diametrical	293
differ	274
difference	275
different	275
differentiate	275
differentiation	275
diminish	114
disabled	21
disagree	149
disagreement	149
disappoint	77
disappointing	77
disappointment	77
disarm	139
disarmament	139
disaster	21
discard	45
discern	249
discharge	43
disclaim	179
disclose	181
disclosure	181
discomfort	52
disconnect	303
disconnection	303
discord	47
discount	183
discourage	47

Term	Page
discover	184
discovery	184
discriminate	261
discrimination	261
discuss	21
discussion	21
disease	21
disinfect	193
disinfection	193
dislocate	155
dismiss	295
dismissal	295
disobey	245
disorder	158
dispense	306
dispenser	306
display	309
disposal	315
dispose	314
dispossess	123
disrupt	323
disruption	323
dissent	217
dissociate	165
distinct	353
distinction	353
distinctive	353
distinguish	352
distinguished	352
distort	366
distortion	366
distract	371
distraction	371
distrain	359
diverse	380
diversify	380
diversion	380
diversity	380
divert	380
divide	384
dividend	384
dividers	384
division	384
divorce	381
docile	265
docility	265
doctoral	264
doctorate	265
doctrinaire	265
doctrine	264
document	264
documentary	264
due	266
duty	266

E

Term	Page
eccentric	143
eccentricity	143
eco-friendly	49
ecological	49

Term	Page
ecology	49
economic	48
economical	48
economist	48
economize	49
economy	48
ecosystem	49
ecotourism	49
educate	270
education	270
effect	193
effective	193
efficiency	191
efficient	191
effort	53
electrocute	330
elevate	288
elevation	288
eliminate	153
elimination	153
elongate	109
emancipate	61
emancipation	61
embargo	37
embarrass	37
embarrassing	37
embarrassment	37
emission	297
emit	297
emotion	300
emotional	300
empirical	273
employ	309
employee	309
employment	309
enable	22
enact	240
encircle	252
enclose	181
enclosure	181
encompass	71
encourage	47
endemic	145
enforce	53
enlarge	22
enrich	22
ensign	85
ensure	129
entail	221
entertain	223
entertainment	223
entitle	22
envious	233
envoy	91
envy	233
epidemic	145
equivalent	171
equivocal	93
erupt	323

eruption ···· 323	extemporize ···· 89	fortify ···· 53
escalate ···· 326	extend ···· 226	forward ···· 389
escalator ···· 326	*extension* ···· 226	**G**
escape ···· 39	*extensive* ···· 226	general ···· 54
especially ···· 345	extent ···· 226	*generalize* ···· 54
establish ···· 351	exterminate ···· 167	*generally* ···· 54
establishment ···· 351	extinct ···· 354	generate ···· 54
estate ···· 350	*extinction* ···· 354	*generation* ···· 54
evacuate ···· 134	extinguish ···· 354	*generosity* ···· 55
evacuation ···· 134	extort ···· 367	generous ···· 55
evaluate ···· 171	*extortion* ···· 367	genial ···· 55
evaluation ···· 171	extract ···· 371	genius ···· 55
event ···· 376	extraordinary ···· 159	genocide ···· 251
eventually ···· 376	extrovert ···· 382	genuine ···· 55
exact ···· 239	exultant ···· 324	*geometric* ···· 293
exactly ···· 239	**F**	geometry ···· 293
exceed ···· 333	facile ···· 188	grace ···· 148
exceeding ···· 333	facilitate ···· 189	*graceful* ···· 148
except ···· 23	*facility* ···· 188	*gracious* ···· 148
excess ···· 334	facsimile ···· 189	gradate ···· 57
excessive ···· 334	faction ···· 188	*gradation* ···· 57
exchange ···· 23	factor ···· 188	grade ···· 56
exclaim ···· 178	faculty ···· 189	gradual ···· 56
exclamation ···· 178	fail ···· 194	*gradually* ···· 56
excursion ···· 263	*failure* ···· 194	graduate ···· 59
excuse ···· 23	faith ···· 147	*graduation* ···· 59
execute ···· 330	*faithful* ···· 147	graph ···· 198
execution ···· 330	fall ···· 194	*graphic* ···· 198
executive ···· 331	fallacy ···· 195	grateful ···· 149
exhibit ···· 201	false ···· 195	gratitude ···· 149
exhibition ···· 201	*falsehood* ···· 195	gratuity ···· 149
exit ···· 23	fare ···· 196	**H**
expatriate ···· 73	farewell ···· 197	habit ···· 200
expect ···· 340	fault ···· 195	*habitability* ···· 202
expectation ···· 340	federal ···· 147	habitable ···· 202
expedient ···· 75	fertile ···· 277	habitat ···· 202
expedite ···· 74	*fertility* ···· 277	habitation ···· 203
expedition ···· 74	fiction ···· 190	*habitual* ···· 200
expend ···· 305	*fictional* ···· 190	habituate ···· 200
expenditure ···· 305	fidelity ···· 147	*horizontal* ···· 383
expense ···· 307	finance ···· 278	**I**
expensive ···· 307	*financial* ···· 278	image ···· 150
experience ···· 273	fine ···· 278	imaginary ···· 151
experiment ···· 273	finite ···· 279	*imagination* ···· 150
experimental ···· 273	firm ···· 102	imaginative ···· 151
expert ···· 272	flood ···· 281	imagine ···· 150
expertise ···· 273	flow ···· 280	imitate ···· 151
expiration ···· 347	fluctuate ···· 280	*imitation* ···· 151
expire ···· 347	*fluctuation* ···· 280	immemorial ···· 67
explain ···· 120	*fluency* ···· 281	impact ···· 25
explanation ···· 120	fluent ···· 281	impartial ···· 209
explicit ···· 310	footnote ···· 205	impatient ···· 25
export ···· 79	force ···· 52	impede ···· 75
expose ···· 316	*forceful* ···· 52	*impediment* ···· 75
exposition ···· 317	*forcible* ···· 52	imperil ···· 272
exposure ···· 316	form ···· 50	implicit ···· 310
express ···· 212	*formal* ···· 50	*impolite* ···· 161
expression ···· 212	formality ···· 50	import ···· 79
extempore ···· 89	*fortification* ···· 53	impose ···· 315

impossible 122	injure 107	*invocation* 93
impotent 122	*injury* 107	invoice 91
impress 213	injustice 105	invoke 93
impression 213	inmate 24	*irrational* 321
impressive 213	innovate 119	*irregular* 81
improve 214	*innovation* 119	*irrelevant* 289
improvement 214	inquire 319	issue 283
improvisation 25	*inquiry* 319	itinerary 283
improvise 25	insecticide 251	**J**
impulse 25	inspect 341	join 286
inaccessible 332	*inspection* 341	joint 286
inaccurate 141	*inspiration* 347	judge 105
inclination 254	inspire 347	*judgment* 105
incline 254	instinct 352	junction 287
increase 257	*instinctive* 353	junta 287
incredible 259	institute 357	jurisdiction 107
incredulous 259	instruct 360	jurist 106
indebted 267	*instruction* 360	jury 106
independence 305	*instructive* 360	just 104
independent 305	insult 324	justice 104
indicate 24	insurance 128	*justification* 105
indifference 275	insure 128	justify 105
indifferent 275	intact 364	**L**
indispensable 306	*intangible* 365	laxative 291
individual 385	intend 225	lease 290
individualistic 385	intense 227	length 109
individualize 385	*intensity* 227	*lengthen* 109
individually 385	intensive 227	leverage 288
indoctrinate 265	*intention* 225	levy 288
indoctrination 265	interact 240	limit 152
induce 269	*interaction* 240	limitation 152
induct 271	intercept 247	*limited* 152
induction 271	*interception* 247	*limitless* 152
industrial 24	intercity 26	local 155
industrious 24	interconnect 303	locate 154
industry 24	*interconnection* 303	*location* 154
inept 99	interest 26	locomotive 301
ineptitude 99	*interesting* 26	long 108
infamous 24	intermediate 26	longevity 109
infect 193	intermittent 295	*longing* 108
infectious 193	Internet 303	longitude 109
infidelity 147	interpret 26	**M**
infinite 279	*interpretation* 26	magnate 110
infirm 102	interrupt 322	*magnification* 111
infirmary 103	*interruption* 322	magnificence 111
influence 281	intervene 377	magnificent 111
influential 281	*intervention* 377	magnify 111
inform 51	interview 231	magnitude 111
informal 50	*interviewee* 231	maintain 222
information 51	*interviewer* 231	*maintenance* 222
ingredient 59	introduce 269	manacle 61
inhabit 202	*introduction* 269	manage 60
inhabitant 203	introvert 382	*management* 60
inhibit 201	*invaluable* 170	manifest 61
initial 282	invent 374	manifesto 61
initiate 282	*invention* 374	manipulate 60
initiative 282	*inventive* 374	*manipulation* 60
inject 285	invert 383	manufacture 189
injection 285	invisible 233	*manufacturer* 189

manuscript 61	motivate 298	overrate 321
market 156	*motivation* 298	overt 185
marvel 62	motive 299	**P**
marvelous 62	move 298	pain 206
master 110	movement 299	*painful* 206
masterpiece 110	multicultural 117	painstaking 207
mastery 111	multilingual 117	pandemic 145
maternal 64	multimedia 117	*paralysis* 291
maternity 64	multinational 117	paralyze 291
matriculate 64	multiple 116	partake 210
matriculation 64	*multiplication* 116	partial 209
matrimonial 65	multiply 116	*partially* 209
matrimony 65	multipurpose 117	*participant* 210
matrix 65	multitude 116	participate 210
maximum 111	**N**	*participation* 210
mean 112	*negative* 103	*particle* 211
means 113	net 302	particular 211
meanwhile 113	network 302	partner 208
media 112	notable 204	partnership 208
mediate 113	noted 204	pass 70
mediation 113	*notification* 205	passenger 71
mediocre 113	notify 205	passerby 71
medium 112	notorious 205	paternal 72
memorandum 67	novel 118	*paternity* 72
memorial 67	*novelist* 118	patient 25
memorize 67	novelty 119	patriot 72
memory 67	novice 119	patriotism 73
mention 66	**O**	patronage 73
mercantile 157	*obedience* 244	pattern 72
merchandise 157	obedient 244	pause 313
merchant 156	obey 245	peddle 74
merciful 157	object 285	pedestrian 74
merciless 157	*objection* 285	pedigree 75
mercy 157	objective 285	pedometer 75
metropolis 65	*observation* 219	penal 206
metropolitan 65	observe 219	penalty 207
mime 151	obsess 336	pending 305
mimic 151	obstacle 351	pension 307
minimize 115	obstinate 357	perennial 35
minister 114	obstruct 361	perfect 192
minor 114	*obstruction* 361	*perfection* 192
minority 115	obtain 222	perform 51
minute 115	obvious 90	*performance* 51
miracle 63	occupant 41	peril 272
miraculous 63	occupation 41	*perilous* 272
mirage 63	*occupational* 41	perish 283
mission 295	occupy 41	*perishable* 283
missionary 295	occur 263	perjure 107
mobile 301	*occurrence* 263	*perjury* 107
mobility 301	offer 275	*permission* 296
moderate 69	off-limit 153	permit 296
moderation 69	oppose 317	persecute 331
modern 68	opposite 317	*persecution* 331
modernize 68	*opposition* 317	pertain 223
modest 69	oppress 213	*pertinent* 223
modification 69	order 158	perverse 379
modify 69	orderly 158	pervert 383
monograph 199	ordinary 159	*photogenic* 199
motion 299	overdue 267	photograph 199

Word	Page
plaice	121
plain	120
plains	120
plan	121
plane	121
plate	121
plateau	121
platform	121
point	76
police	160
policy	160
polite	161
politic	161
political	161
politician	161
politicize	161
politics	160
portion	211
portrait	369
portray	369
position	313
positive	313
possess	123
possession	123
possibility	122
possible	122
post	312
postage	312
postal	312
potent	122
potential	123
power	123
powerful	123
praise	162
precious	162
precise	251
predict	27
prediction	27
prefer	276
preferable	276
preference	276
prejudice	27
preliminary	153
premier	125
preoccupied	41
preparation	27
preparatory	27
prepare	27
prescribe	329
prescription	329
preservation	219
preserve	219
preside	338
president	339
presume	363
presumption	363
pretend	227
pretense	227
prevent	375
prevention	375
preventive	375
preview	231
previous	90
prewar	27
price	162
priceless	162
primary	125
prime	124
primer	124
primordial	125
primrose	125
principal	124
principle	125
probability	215
probable	215
probably	215
probe	215
procedure	335
proceed	335
process	332
proclaim	179
proclamation	179
produce	268
product	268
production	268
productive	268
profess	28
profession	28
professor	28
proficiency	191
proficient	191
profit	28
program	28
progress	58
progressive	58
prohibit	201
prohibition	201
project	284
prolong	109
promise	294
promising	294
promote	300
promotion	300
proof	214
proportion	211
proportional	211
proportionate	211
proposal	316
propose	316
prosecute	331
prosecution	331
prospect	341
prostitute	356
protect	28
protection	28
protest	229
protestant	229
prove	214
punctual	77
punctuality	77
puncture	77
pungent	77
punish	206
punishment	206
purpose	315
purposeful	315
purview	231
Q	
quest	318
R	
rate	320
ratify	320
ratio	320
rational	321
reassurance	129
reassure	129
reassuring	129
rebate	175
recall	177
recede	333
receipt	246
reception	247
recess	333
recession	333
reclaim	179
reclamation	179
recline	254
recompense	307
reconcile	177
reconciliation	177
reconfirm	103
reconfirmation	103
record	46
recount	183
recourse	263
recover	185
recovery	185
recruit	257
recur	263
recurrence	263
reduce	269
reduction	269
refer	274
reference	274
reform	51
refresh	29
refusal	29
refuse	29
regain	29
regal	80
regard	388
regarding	388
regime	81
region	81
regress	59
regression	59
regular	81

regulate ············ 81	resumé ············ 363	sirloin ············ 31
regulation ············ 81	retail ············ 220	site ············ 336
reign ············ 80	retort ············ 366	situated ············ 337
reinforce ············ 53	retreat ············ 373	*situation* ············ 337
reject ············ 285	*retrieval* ············ 373	sociable ············ 165
rejection ············ 285	retrieve ············ 373	social ············ 165
rejoin ············ 286	retrospect ············ 341	*socialism* ············ 165
relax ············ 291	*reusable* ············ 168	*socialist* ············ 165
relaxation ············ 291	reuse ············ 168	socialize ············ 165
release ············ 291	revenue ············ 377	society ············ 164
relevance ············ 289	reverse ············ 379	*sociological* ············ 165
relevant ············ 289	*reversible* ············ 379	sociology ············ 165
relief ············ 289	review ············ 231	special ············ 344
relieve ············ 289	revise ············ 233	*specialize* ············ 344
relocate ············ 155	*revision* ············ 233	specialty ············ 344
relocation ············ 155	*revitalization* ············ 387	species ············ 345
remember ············ 66	revitalize ············ 387	*specific* ············ 345
remembrance ············ 66	*revival* ············ 386	*specifically* ············ 345
remodel ············ 69	revive ············ 386	specify ············ 345
remote ············ 299	*revocation* ············ 92	specimen ············ 343
removal ············ 301	revoke ············ 92	spectacle ············ 342
remove ············ 301	reward ············ 389	*spectacular* ············ 342
renew ············ 118	*royal* ············ 80	spectator ············ 343
renewal ············ 118	royalty ············ 80	speculate ············ 343
renovate ············ 119	rupture ············ 323	*speculation* ············ 343
renovation ············ 119		speedometer ············ 292
repair ············ 29	**s**	spend ············ 306
repatriate ············ 73	salient ············ 325	*spending* ············ 306
repent ············ 207	scale ············ 326	spirit ············ 346
repentance ············ 207	scissors ············ 251	*spiritual* ············ 346
repentant ············ 207	scribble ············ 328	*stability* ············ 351
reply ············ 308	script ············ 328	*stabilize* ············ 351
report ············ 78	search ············ 253	stable ············ 351
reprove ············ 215	secure ············ 140	stall ············ 350
request ············ 318	*security* ············ 140	state ············ 348
require ············ 319	sedate ············ 337	statesman ············ 349
requirement ············ 319	seduce ············ 271	station ············ 348
research ············ 253	*seduction* ············ 271	stationary ············ 348
resemblance ············ 127	sense ············ 216	stationery ············ 349
resemble ············ 127	*sensible* ············ 216	statistics ············ 350
resent ············ 217	sensitive ············ 216	statue ············ 349
resentful ············ 217	*servant* ············ 218	stature ············ 349
resentment ············ 217	serve ············ 218	status ············ 349
reservation ············ 218	*service* ············ 218	stellar ············ 86
reserve ············ 218	session ············ 336	stick ············ 355
reside ············ 338	settle ············ 337	sticky ············ 355
residence ············ 338	*settlement* ············ 337	stimulate ············ 354
resident ············ 338	sign ············ 82	*stimulus* ············ 354
resign ············ 83	signal ············ 85	sting ············ 352
resignation ············ 83	signatory ············ 85	stink ············ 355
respect ············ 342	signature ············ 85	*stinking* ············ 355
respectful ············ 342	signboard ············ 85	strain ············ 359
respective ············ 343	*significance* ············ 84	strait ············ 358
respiration ············ 347	significant ············ 84	stress ············ 358
respire ············ 347	signify ············ 84	*stressful* ············ 358
restrain ············ 359	similar ············ 126	stretch ············ 358
restraint ············ 359	*similarity* ············ 126	structure ············ 360
result ············ 324	simulate ············ 127	stun ············ 131
resume ············ 363	*simulation* ············ 127	stupefy ············ 131
	simultaneous ············ 127	

stupendous	131	
stupid	131	
stupidity	131	
subcommittee	30	
subject	284	
subliminal	153	
submission	296	
submit	296	
subordinate	159	
subscribe	329	
subscription	329	
subside	339	
subsidy	339	
subsist	30	
substance	30	
substitute	357	
substitution	357	
subtitle	30	
subtract	371	
subtraction	371	
succeed	334	
success	334	
successful	335	
succession	334	
successive	335	
suffer	277	
suffering	277	
suffice	191	
sufficient	191	
suicide	250	
sumptuous	363	
superfluous	281	
supervise	233	
supervision	233	
supervisor	233	
supplement	311	
supplementary	311	
supply	309	
support	79	
suppose	317	
suppress	213	
sure	128	
surname	31	
surpass	70	
surplus	31	
surroundings	31	
surveillance	230	
survey	230	
survival	387	
survive	387	
suspect	341	
suspend	304	
suspense	304	
suspension	304	
suspicion	341	
suspicious	341	
sustain	223	
sustainable	223	
symmetrical	293	

symmetry	293

T

tail	220
tailor	221
tangible	365
telegraph	199
temp	89
temporal	88
temporary	88
tend	224
tendency	224
tender	225
tense	227
term	166
terminal	166
terminate	167
terminology	167
testament	229
testify	229
testimony	229
thermometer	293
thoroughfare	197
tonic	131
torment	367
torture	367
trace	368
traceability	368
traceable	368
track	369
trail	369
trait	369
transact	240
transaction	240
transatlantic	32
transcend	327
transfer	276
transient	32
transit	283
translate	32
transmission	297
transmit	297
transparency	32
transparent	32
transport	78
transportation	78
treason	373
treat	372
treatment	372
treaty	373
trespass	71
trivia	91
trivial	91

U

unarmed	138
uncountable	182
uncover	185
underrate	321
unjust	104
upgrade	57

upset	337
use	168
useful	168
useless	168
usurp	169
utensil	169
utility	169
utilize	169

V

vacancy	133
vacant	133
vacation	133
vain	135
valuable	170
value	170
valueless	170
vanish	135
vanishing	135
vanity	135
vast	134
venture	375
venue	377
versatile	380
versus	378
vertical	383
view	230
visibility	232
visible	232
vision	232
visit	282
vital	386
vitalize	387
vitally	386
vivid	387
vocal	92
vocation	92
vocational	92
void	132
vote	234
voter	234
vouch	235
voucher	235
vow	235

W

wane	135
want	132
wanting	132
warfare	196
waste	133
welfare	196
workfare	197

著者略歴 清水建二（しみず けんじ）

東京都浅草生まれ。上智大学文学部英文学科を卒業後、大手予備校、ガイド通訳士、草加高校、越谷南高校、浦和高校、三郷高校等を経て、現在は県立川口高校教諭。基礎から上級まで、わかりやすくユニークな授業には定評がある。著書は、ベストセラー「英会話１秒レッスン」シリーズ（成美文庫）、「新編集　語源とイラストで一気に覚える英単語」（成美堂出版）、「増補改訂版　連想式にみるみる身につく語源で英単語」（学習研究社）「語源で増やすサイエンス英単語」（ベレ出版）など50冊以上。「似ている英単語使い分けBOOK」（ベレ出版）は台湾、香港、韓国で翻訳出版され、特に韓国ではロングセラーとなっている。趣味は海外旅行・食べ歩き・ジョギング・一青窈。

監修者略歴 William Currie（ウイリアム・J・カリー）

米国フィラデルフィア生まれ。1953年イエズス会士となる。
ミシガン大学で比較文学博士号を取得。1960年に来日し、神奈川県の栄光学園講師、上智大学文学部英文学科准教授、同外国語学部比較文化学科教授を経て、上智大学学長を2期・6年務める。

語源で増やす政治・経済・社会の英単語

2015年6月25日　初版発行

著者	清水建二
カバー・本文デザイン/DTP	川原田良一（ロビンソン・ファクトリー）
本文イラスト	本間昭文

© Kenji Shimizu 2015. Printed in Japan

発行者	内田真介
発行・発売	ベレ出版 〒162-0832　東京都新宿区岩戸町12 レベッカビル TEL　03-5225-4790 FAX　03-5225-4795 ホームページ http://www.beret.co.jp/ 振替 00180-7-104058
印刷	三松堂株式会社
製本	根本製本株式会社

落丁本・乱丁本は小社編集部あてにお送りください。送料小社負担にてお取り替えします。
本書の無断複写は著作権法上での例外を除き禁じられています。購入者以外の第三者による本書のいかなる電子複製も一切認められておりません。

ISBN978-4-86064-440-6 C2082　　　　　　　　編集担当　綿引ゆか